MW01274623

北京召开《管好自己就能飞》研讨会，会上"知心姐姐"卢勤、中国关心下一代工作委员会副秘书长李启民、首都文明办未成年人教育处处长常建军等高度评价本书

中央电视台报道《管好自己就能飞》并采访本书点评者吴甘霖

目前在"美国航空航天之母"普渡大学学习的吴牧天

《管好自己就能飞》激发全国青少年"自我负责、自我管理"风暴

《管好自己就能飞》成为各地书店最受欢迎的读物之一

广东江门一中3500名学生与家长代表开展学习《管好自己就能飞》活动

图书在版编目（CIP）数据

管好自己就能飞／吴牧天著.—南宁：接力出版社，2013.3
ISBN 978-7-5448-2705-8

Ⅰ.①管… Ⅱ.①吴… Ⅲ.①自我管理-青年读物 ②自我管理-少
年读物 Ⅳ.①C912.1-49

中国版本图书馆 CIP 数据核字（2013）第 028424 号

责任编辑：楚亚男　美术编辑：严　冬
责任校对：张琦锋　责任监印：陈嘉智　媒介主理：段立诚
社长：黄　俭　总编辑：白　冰
出版发行：接力出版社　社址：广西南宁市园湖南路9号　邮编：530022
电话：010-65546561（发行部）　传真：010-65545210（发行部）
http://www.jielibj.com　E-mail:jieli@jielibook.com
经销：新华书店　印制：大厂聚鑫印刷有限责任公司
开本：880毫米×1250毫米　1/32　印张：8.5　字数：180千字
版次：2013年3月第1版　印次：2016年3月第19次印刷
印数：550 001—580 000册　定价：25.00 元

这是一本适合每个父母和老师推荐给孩子们的书。

让孩子们学会自我管理，父母更放心，老师更省心，孩子们更能享受成长的快乐与甜蜜。

各界热评

管孩子不如让孩子学会自己管——吴牧天写的这本书很有现实价值，值得推荐。

——著名家教专家、知心姐姐　卢勤

自我管理可促进综合素质的提高，这本书对广大青少年，尤其是对中小学生非常具有宣传和推介的意义。

——中国关心下一代工作委员会副秘书长　李启民

我相信这本书在广大青少年当中一定会产生积极的影响，同时也能在培养孩子的自学精神和自理能力方面，让广大家长受到很大启发。

——首都文明办未成年人教育处处长　常建军

这是一位有故事的少年写的一本有哲理的好书。成长的要义其实就是自我管理能力的习得，而自我管理又是养成独立人格的基础。有这样的中国少年，则家国幸甚。

——中国妇女报社总编辑　孙钱斌

我相信这是一本格外能帮助青少年强化自觉精神和自立能力的作品，甚至激发广大青少年"自主负责、自我管理"的热潮。

——中国青年报社常务副社长　张坤

自觉精神是青少年发展的核心，而自我管理将自觉精神落到实处并产生更大成效。

——北京青年报社副社长　何筱娜

培养青少年的自觉精神，应该是中国教育的方向。建议广大青少年都来学习《管好自己就能飞》。

——海南省人大副秘书长　颜家安

这本书对现实社会的孩子们健康成长必定有更大帮助，必定会让孩子们越飞越高。目前我区正在 10 多万学生中举行自主管理教育活动，这本书应该是首选读本。

——重庆市大足区关心下一代工作委员会主任　龙太国

我衷心地期望广大的老师和学生都来阅读这本书。

——清华附小校长、全国著名特级教师　窦桂梅

实现"中国梦"，需要打造"负责任的一代"。《管好自己就能飞》所倡导的"自我负责、自我管理"，正是教育界实现"中国梦"的具体体现。

——广州市第十七中学校长　陆小林

《管好自己就能飞》不仅对学生的发展很有价值，而且对提升我校的管理水平也很有作用。我校的所有老师和学生，都应自觉投入到学习这本书的活动中来。

——海南中学副校长　王如琨

《管好自己就能飞》是一本很好的书，与我们学校倡导的自主管理教育一脉相承，对青少年学生的成长很有帮助。

——重庆市巴川中学常务副校长　周文强

学习这本书，可帮助我们把一个家庭教育孩子的成功，扩展为许多学校和家庭教育孩子的成功。

——中国地质大学附中教育处主任　赵卫红

这本书最大的特点是一个学生的现身说法，这会像磁石一样吸引与他同龄的读者。

——首都师范大学附属小学大队辅导员　莫亚群

这是一本同龄人的成长历程，道出了作者成长路上的酸甜苦辣，却也鼓励我们管好自己，我们并不曾增添束缚，却更能自由地飞翔。

——合肥一中高二（21）班　董吉洋

这本书不仅能培养能我们成长最需要的自觉主动精神，更能让我们学会怎样将自律落到实处，将会使我们终生受益。

——广东江门一中高二（18）班　梁雅晴
高一（17）班　温咏琪

学好了这本书，就能化被动为主动，做时间的主人，做命运的主人，做新时代的主人！

——海南师范附中高二（9）班　华舒贤

非常好的一本书！对孩子太实用了！我是看了中央电视台新闻买的，对孩子非常有帮助！谢谢！给五分！建议爸爸妈妈都买给孩子读！

——当当网读者　橄榄树之约

总结得特别好，方法对同龄孩子特别适用，是我看过的最有价值的家教书，值得每一个做父母的买给孩子！强烈推荐！

——当当网读者　山林传说

让独生子女家长省心，值得向孩子推荐的一本书！要给孩子独立思考的时间和引导，选择这本书不失为父母的明智之举。

——当当网读者　海豚 mama

　　人的成长，需要火种来点燃自己。这本书，不仅是能启迪广大青少年具备自律之智的火种，也是启迪广大父母、教师具备引导孩子成长之方的火种。

——当当网读者　深山小女子

　　朋友推荐的！孩子拿到书两天就看完了，说要学习吴牧天哥哥，"自我负责、自我管理"。我觉得这本书很适合作为礼品，打算再买一本送给上初二的外甥。

——当当网读者　奔跑的青云

目 录

第三章　让我进步最大的自我管理感悟

家长序　孩子一自觉，父母就放心

邓小波

作为一个母亲，我和所有母亲一样，最关心的莫过于孩子的成长。而作为一名《中国妇女报》记者，因为工作关系，我也常和母亲们打交道。近20年来，我接触过数以万计的学生父母以及老师，曾经无数次听到过这样的感慨："要是孩子能自觉点该有多好！这样我们省心了，孩子也轻松了！"

这样的感慨，展示了一个十分矛盾而且普遍的现象：一方面，父母和老师并不想多管孩子，可孩子们往往又无法让他们放心省心。于是，他们只好多管。而管多了，又往往引起孩子的反感和抵触。那么，该怎么办呢？

这本《管好自己就能飞》，或许能给大家一条不错的思路和一些有效的解决办法。这是我18岁的儿子吴牧天的成长总结，也是国内第一本关于孩子"自我管理"的书。它会告诉大家：如果孩子能学会自觉，自己管好自己，那么父母会在很大程度上获得解放；孩子也不用再忍受父母没完没了的唠叨，而拥有更加轻松快乐的成长过程。

尽管牧天如今是个方方面面都善于自我管理的孩子，但10岁前的他，却与现在真有天壤之别。比如，我出差5天，大热天他居然5天不洗澡！小学三年级那次，更是气得我直哭：他在老家疯玩一个暑假，开学前两天回到长沙，我检查他的暑假作业，发现竟有90%没做！

那个假期后，作为管理学家的孩子他爸，把"自我管理"引进到对儿子的教育中，让孩子在每一件事上都尽量做到"自己的事情自己管，自己对自己好好负责"。

这一招还真灵，几个月后，就得到了一次小小的验证——他爸爸在北京工作，放寒假了，我让 10 岁的牧天独自坐火车去北京。

那天傍晚，在长沙站，我把牧天送上火车，给了他一部手机，让他晚上 10 点睡觉前，发条短信给我和他爸。

但是，意想不到的事情发生了：过了约定的时间，我没收到短信，发给他也不回。电话打过去，竟然是关机！我赶紧和他爸联系，一向遇事不慌的他爸，此时也有点急了。

就在我设想种种可怕情形时，我的手机响了，一条陌生号码发来的短信映入眼帘："您好！我是 Z17/18 次列车乘警长，您的儿子吴牧天让我告诉您，他很好很安全，只不过手机卡坏了，请您不要担心！"

我们第一时间跟乘警长通了电话，高悬的心终于放下了。

第二天抵京后，牧天对他爸爸详述了"手机卡风波"的始末："发现卡坏后，我自己并没着急，但我马上换到你们的位置思考：联系不上我，爸妈会着急。我得立即想办法自己解决这难题。刚开始，我想向同车厢的人借用手机。但转念又一想：他们固然可能是好人，但爸爸妈妈收到一个来自陌生手机的信息，也许会更担心。那么在火车上找谁最好呢？对了，找乘警长叔叔，一定最能让你们放心！"

怪不得那位乘警长对接站的牧天他爸说："您的儿子不仅懂事，而且非常有头脑，思维缜密、考虑周全，就是一般的大人也做不到啊！"

这只是牧天"自我管理"小故事中的一个。8 年下来，"自我管理"让他受益匪浅，无论学习、生活还是与人打交道，他都做得妥妥帖帖。遇到任何难题，他都不依靠父母，设法独立解决，且越来越游刃有余。

更重要的是，习惯一旦养成，想让他不自觉都难。2012年暑假，牧天主动写论文，从早上8点到晚上11点没挪窝，我看着心疼，几次叫他歇息一下，他都不肯。写完后他对他姨说："尽管我累得快晕倒了，但很有成就感，因为我战胜了自己。"

让孩子学会"自我管理"的好处是双重的：一方面他自己不断进步、成长；另一方面，我们做父母的无须过多管他，简直轻松到家！所以8年来，我这个当妈妈的在工作之余，基本上按照个人喜好而生活：听音乐、看月光、迷京剧，亲近山水，优哉游哉！被朋友们羡称"最不操心的妈妈"。

其实，自觉是个好东西，不仅父母和老师懂得，连孩子们自己也知道。他们只是往往苦于不懂得怎么去自觉、怎么去实现"自我管理"。

《管好自己就能飞》一书，较为系统地解答了这些问题。牧天写的都是自己和周围熟悉的人的成长故事，通过归纳提升既有独到的思想见解，又有不少可行的操作方法。

我想对每位家长说，尽快让孩子学会"自我管理"吧，你们都可以像我们一样省心放心。父母再爱孩子，也只能帮孩子指路，但绝不可能代替他行走和奔跑。孩子养成自觉的习惯不仅对父母重要，对孩子本人更重要。

我想对每个小读者说：亲爱的孩子们，我儿子能做到的，你们也一定都能做到！牧天书里的做法和经验，应该能让你们快乐成长，也能让你们少走一些弯路，更加快速地成长。自觉主要体现在自知、自强和自律，如果能以这样的态度去面对生活和学习，就能更好地掌控和创造自己的人生。

"想要守护的事物不断增加，就得更加有力量！"这是牧天最喜欢的动漫《海贼王》里的歌词。而自觉，会让你们拥有最好的力量之源！

广阔的天空正期待你们的翅膀。拥有自觉精神和自我管理方法的孩子，勇敢地飞吧！你们一定能飞得更高更远！

教师序　管好自己：优秀学生的成长秘诀

窦桂梅

亲爱的同学、同仁，说起管好自己，这并不是一件轻松的事情。谁不愿意自由自在，随心所欲？尤其在今天这个有些传统价值观被解构的时代，"管好自己"这个话题似乎有些过于严肃或者说像是让人很有压力的"负担"。可是，生活并非如此，人生也正如水一样，有了岸的约束，水才会优美地流成河。

令人高兴的是，吴牧天的这本《管好自己就能飞》应该说给我们提供了一个很好的借鉴。原来，管好自己是当下学生最重要的品质之一，更是优秀学生的成长秘诀。

作为一个从业多年的教育工作者，我常听到这种意见：现在的学生不太好教。因为他们基本上都是独生子女，甚至在某种程度上还被称为是"抱大的一代"。对他们，传统的表扬、批评方式，不少时候达不到应有的效果：一表扬，他们就容易飘飘然不思上进；一批评，就容易引起他们的反感甚至强烈的抵触情绪。但是，作为老师的我们，又不得不负起管理的责任，有时候真有点无所适从。

事情的发生不重要，重要的是我们应该怎样去面对，去有所作为。为此，我们清华大学附小在学生踏进学校的第一天，就为学生"植入"一个价值观——"选择了清华，就选择了一生的责任"，要勇于担当，更要在考验与困难面前自律自强，自觉成为有益于国家与社会的公民。我们强调：严于律己是助己，自强于己更利己。

　　不少人认为，自我管理是大人才能做到的事，学生难以做到，这实际上存在很大的认识误区。我校通过一段时间的实践，已经看到了许多可喜现象：学生们越来越学会自己的事情自己做，他人有需要，也帮忙做，自觉遵守学校纪律及社会公德，敢想敢为，但心中充满敬畏与约束。如果产生不满或要发怒时，他们也越来越会努力自我调控。我想对大家说，既然小学生都能越来越学会自我管理，更何况中学生与大学生呢？

　　《管好自己就能飞》的作者吴牧天，同样让我们看到了自我管理的卓越成效：他从小学起，就开始在父母和老师的培养下，逐步养成自觉成长和自我管理的习惯。凡是该自己做的事情，不需别人怎样督促和逼迫，都能自己去做，而且还能做好。这样一来，他不仅以优秀的成绩考上省城重点中学和美国的重点大学，创新能力、解决问题能力、社交能力等也都得到了全面发展。

　　我想对同学们说，如果能像吴牧天，或像我们学校倡导的那样，自觉成长与自我管理，你就会学会把应该做的变成喜欢做的，甚至是必须做的，并肯定因此能更快和更健康地成长。相反，假如成为一个缺乏自我控制能力、不愿意在学习和劳动中感受快乐的学生，长大以后就容易变成游手好闲、无情无义、时常遭遇失败与痛苦的人。

　　当然，青少年学生自我管理并不容易。难得的是，吴牧天不仅写了自己的成长过程，更围绕青少年学生最容易遇到的七方面问题，进行了充分探究。其中《管理好欲望：敢对不良诱惑说"不"》一篇中，他写到自己一个原来学习成绩很优秀的朋友，因为迷恋上网络小说，导致成绩直线下降，后来采取有力措施，"以'随时抽身'的姿态，与'不良诱惑'告别"，最后在高考中，成为当地理科状元。由于所引用的事例都是自己或同学之间的故事，所指出的现象，都发生在学生身边，所用的方法与技巧也格外实在，想必学生们看后，不仅会因此提高自我管理的能力，更能强化"一定能自我管理好"的信念。作者还结合自己在成长中发生的一个个故事，写下了不少自己的感悟，如《棉花堆里磨不出好刀来》、《吃别人的"堑"，长自己的"智"》等，令人耳目一新又给人足够启示。

苏联著名教育家苏霍姆林斯基曾提出："只有能够激发学生进行自我教育的教育，才是真正的教育。"联合国教科文组织二十一世纪教育委员会，针对新世纪的教育，曾发表其纲领性文件《学会生存——教育世界的今天和明天》，更是明确指出："未来的学校必须把教育的对象变成自己教育自己的主体；受教育的人必须成为教育他自己的人；别人的教育必须成为这个人自己的教育。"在这方面，学校领导和教师都大有可为。由此我想到吴牧天的一位物理老师总结的"自我管理的三句话"："我的目标是什么？""我现在在做什么？""我现在做的事情对我的目标有没有帮助？"这三句话，立即就让我联想到，学生们经常有些不自觉的行为，如上课走神、无节制地玩手机和网络游戏、早恋等等，假如他们懂得这三句话并常以此提醒自己，那么就不需老师敲打和逼迫，而更加自觉。

我们学校已经深深地认识到，培养学生自觉负责精神和自我管理能力，是教育部门和老师们最应该重视的工作，所以开始坚定地进行实践，也深深地尝到了这样做的甜头。但不容忽视的是，就现实的情况来看，上述要求，还没有在各地学校形成气候，现实中成功的经验并不太多。不少人对让学生自我管理的价值，还缺乏足够的认识。

可喜的是，在今天"奥数满天飞，自由故我在"的"混乱"中，由一位学生来总结自己卓有成效的实践，并出版这样的书，却是第一次，意义重大。它不仅让我们看到了一种"不必老师过多管理、学生就能做得更好"的希望，更能让我们看到大家应该努力的方向。

我衷心地期望广大的老师和学生都来阅读这本书，在你做题累了的时候，在你放松过度的时候，在你心烦的时候，在你想进一步超越和飞跃的时候……

请相信，管好自己，就会努力养成"平静而执着、谦逊而无畏"的品格，提升青少年成长最需要的负责精神和自立能力，在取得更大成绩的同时，成为对社会更有价值的时代新人！

（窦桂梅 全国著名特级教师，国家重点课题语文教材编写组编委，清华大学教育研究院基础教育研究所副所长，东北师范大学、首都师范大学硕士研究生导师，现任清华附小校长。）

自序 不要别人逼，我们能做好

亲爱的读者朋友，当你没有看完本书前，我可并不指望你对本书有多认可多赞赏，甚至还能猜到，看了书的标题，你或许还有一些逆反心理。因为现在的学生们，在家被父母管，在校被老师管，现在这本书的作者又提出自己管自己，这不是让你给自己找罪受吗？

对此，我完全能够理解，因为我曾经也经历过类似的心理过程。不过请你先别急着下定论，且听我先给你讲一个数月前我告别中学、刚到美国读大学时的故事。

开学后不久，我很想参加一个对以后个人发展将有很大作用的社团。但是，这个社团对申请加入的人要求很高，竞争者也不少。在开始时，我担心自己会比不过那些比我更大更成熟的学长。

但当试题公布时，我心里不禁狂喜。我本来认为会着重考我们的知识水平和技术能力，但没有想到，考题竟然是"在大学里如何做好自我管理"。对于这个主题，我真是有太多感悟了。就在我入学前的那个暑假，我刚好根据自身的经历，写完了这本关于自我管理的书。

于是在后来的讨论当中，我的发言自然是出彩的，我的观点也得到了许多人的赞同和好评，我不仅顺利地加入了这个社团，更交到了许多愿意与我共同学习的朋友。后来我得知，之所以出这样的考题，是因为在美国的大学里，老师是基本不管学生的。你想要有良好的发展，就得格外重视自我管理。

我顿时认识到，原来我以前进行的自我管理探索，并不是白做的啊，我甚至已经走在一些人前面了呢！

这个故事虽然是大学时的故事，但我要特别告诉你的是，自我管理的价值，可绝不是上大学后才有用，而是贯穿从小学到高中——我们成长的所有重要阶段。一点也不夸张地说，越早地学会自我管理，就越能在不用别人逼迫的情况下，将自己该做的事做到更好，从而越能更好地体验成长的甜蜜。这样，既能让父母放心、让老师省心，还能让自己取得更大进步。

这本书中的内容，都是我在小学到高中阶段的亲身体验。我遇到了和大家一样的成长中的问题，除了学习之外，还有如何处理好人际关系、如何避免安全事故等等。但是由于逐步学会了自我管理的方法和技巧，我对这些问题全都进行了较好的解决，仅举其中三个小例：

有一次我被绑架，但是凭借自己的冷静和机智，我成功从歹徒手里安全逃了出来；

我在美国做了一年的交流生，美国历史成绩不及美国学生的我，竟然赢得了给历史老师当助教的机会；

我还让一个原来处处刁难我的地区代表，后来不仅消除了对我的偏见，而且成了一个给我帮助很大的人。

类似这样的例子在我的书里还有很多，就不一一列举了。

不管是中小学生还是大学生，我觉得学生大体可以被分为三个层次：

第一个层次，就算被人逼，还是做不好，而且还有强烈的抵触情绪；

第二个层次，大部分时候，要人逼才能做好事情；

第三个层次，在没有别人逼的前提下，还能够靠自觉，做得更好。

毫无疑问，第三个层次的，往往是最优秀的学生。

看到这里，你不妨给自己定位一下，看看自己属于哪个层次。我相信大多数人都想成为那个最好层次的学生。但许多人还是有顾虑：接受他人管理都那么难，要自我管理岂不是更难？

是的，管理自己并非易事，但是，我认为，只要你具有如下认识，并落实到行动上，管好自己其实不难。

在我们这个年龄段，成长是我们人生的主旋律。但是你的成长，别人无法代替！这和别人无法代替你吃饭穿衣一样，父母、老师以及其他所有人都无法代替你成长。你想，如果你很饿，不吃饭，老师哪怕吃再多的饭，也不能让你解除饥饿；如果你很冷却不穿衣，家长即使穿了厚厚的衣服，也无法避免你寒冷。同样，别人再优秀或再催促你、逼迫你，也不能代替你自己的成长。

既然这样，是不是与其等待别人逼迫自己，不如自己来管理自己呢？

懂得了这个道理，并不见得就能轻松学会自我管理，还需要实践，也需要有效的方法。而本书最大的特点，并不只是向大家讲授自我管理的价值，而是通过我的亲身实践，与大家分享我觉得有效的措施与方法。本书共分四章，前三章，都是对我个人的实践进行总结，而最后一章，是针对学生如何全面进行自我管理进行探究。

第一章，是讲述我如何从不喜欢甚至痛恨自我管理，到爱上自我管理的过程，以及一些对我很有影响的人的做法。你看了这个部分，不仅会发现自我管理的价值，更有可能像我一样喜欢上自我管理。

第二章，是与大家分享一个格外有效的独特方法——每天写作自我管理总结。我借鉴海尔集团员工自我管理等经验，从2011年的4月份开始坚持每天写总结和反思，截止到2012年暑假，已经写了30多万字。写作这30多万字的总结日记，不仅让我学习能力进一步提高，还给我带来了综合素质的整体提高。我最深的体会是：只要每天坚持自我管理，累积下来，将会产生连你自己都想象不到的巨大能量！

第三章，是我这些年来，在成长过程中最有用的一些感悟，如"想在人前风光，就得人后吃苦"、"学会理直气和"，这些体验不仅真实，也注重独创性，有的已经在报刊上发表过。相信这些感悟，对于你也同样有借鉴作用。

第四章，"好学生如何在七方面自我管理"，是我通过在一些学校做调查，总结出最受当代学生重视的七方面进行自我管理的探究，包括态度管理、安全管理、心情管理、欲望管理、语言管理、行为管理和人际关系管理。这是最全面也格外有操作性的部分。你可以对症下药，根据自己的需要和薄弱环节重点阅读。

在写作的风格上，我知道学生们学习压力大，大块的阅读时间很少，所以我特意使用了夹叙夹议的方式来写这本书，你们可以根据自己的情况，选择一次读完，也可以一次只读一大段或一小节。我希望这种整体性和相对独立性的结合，更加有条有理，同时让大家读起来也更加轻松有效。

我可以最真诚地告诉大家：本书的所有内容，都是我在成长过程中的真实体验，值得与同样渴望成长的你分享。同时我也坚信：从小学到高中，我所经历的烦恼和问题，和你们都大体相似。既然我通过有意识地培养和掌握有效的方法，能尝到自我管理的种种甜头，相信你们也同样能学会自我管理，甚至比我学得更好，成为一个不用人逼，自己也能做得更好的人！

我想强调一点：当你真正学会以自我管理的方式去安排自己的学习和生活，你一定会越来越懂得一个很重要的道理：

自觉的心最有力量！

最后，我要对帮助我学习自我管理的爸爸妈妈、老师、同学和朋友们，以及为出版发行此书付出了许多努力的接力出版社白冰总编辑、胡金环总监和楚亚男编辑，深深表示感谢！

2013 年 2 月于美国普渡大学

第一章

越能学会自我管理，越能体会成长甜蜜

本章概述

青少年学生往往是不太愿意受约束的，更谈不上愿意自我管理。我曾经也同样如此。

但是，由于接受引导，积极尝试，尤其是掌握了自我管理的方法，我越来越尝到了自我管理的甜头，觉得学习不再是苦差事，成绩不断提高，而且也越来越开朗和快乐，不仅如此，解决问题能力、与人交往能力、领导能力等也不断提高，还在遇到被绑架等突发情况时，能非常机智地解决。

自我管理说难也难，说容易也容易。关键的是，要勇于进行自我挑战。因为：

奋斗的根虽然苦，但结出的果实却甘甜。

只要你勇于挑战自我，就一定能实现更好的自我。

一、"傻子"才想自我管理，但学后真的爽不可言

二、自我管理最重要的三句话

一　"傻子"才想自我管理，但学后真的爽不可言

1. 当不得不独自面对时，才庆幸学了自我管理

当你看到此书的标题时，想必会浮起一个念头：什么"自我管理"？难道不是自己用根绳子把自己绑住吗？谁不喜欢自由自在？没事干吗自己找罪受！

你真是说对了，或者说，你真把我当初的心态说出来了。当初我父母开始对我进行自我管理教育时，尽管我和所有乖孩子一样，装出一副不和他们顶嘴还频频点头的模样，但心中的第一反应是："别蒙我了，只有傻子才愿意什么自我管理，我会拖一拖，也会顶一顶，到时再看看，看谁能磨得过谁？"

但是，我真没有想到的是：当我一步一步进行实践（当然，这其中肯定还有不少次抗争与放弃），不知道为什么，我渐渐开始尝到这种甜头了，对这种"自己绑自己"的方式不仅不抵触，反倒越来越喜欢了。

先分享我的　点点心得：

我以前学习老走神，眼睛盯着书本、心中惦记着游戏也是常有的事，现在却能集中精力并提高效率。

我虽然自诩聪明，但主动性不够，以前常常要别人推着走才会走得快一点，现在却能成为被老师誉为"最自觉"的学生之一，不仅以10A的成绩进入省城重点学校实验班，在高三被选为国际交流生到美国学习，并在前不久如愿考上美国重

点大学、被誉为"美国航空航天之母"的普渡大学。

我以前个性不那么受人喜欢，现在不仅能和周围的人打成一片，还常常被大家冠以"最有领导力"的称号……

而我亲身经历的两件事，更是让我体会到学会自我管理的重要性——一件是我前不久在美国学完高三课程回国时，在加拿大机场通过有效沟通，避免被遣返美国的"杯具命运"；另一件是我在湖南老家上高中时，在遭遇绑架时机智逃脱。

虽然这样的情况并不多见，但谁又能说，自己不会遇到类似需要独自去面对的情况呢？那时我才真正庆幸自己学了一点自我管理的方法与技巧，不然真不知道会出现怎样的后果！

（1）在加拿大机场如何避免被遣返。

2012 年 5 月 21 日，是个令我特别兴奋的日子。这一天，我结束了在美国的高中交流生学习，启程回国。

在一年交流学习的过程中，17 岁的我克服了种种障碍，独自解决了一个又一个的难题。而此时，我强烈地想家了。我拖着大包小包的行李来到机场，满脑子想的是回家后浓浓的亲情。尤其是一想到 20 个小时后就可以吃到久违的家乡美味佳肴，我高兴得哼起了小调。

顺利验票过安检了。说到这机票，也是令我得意的一件开心事：回家的机票是我自己订的。我知道爸爸妈妈赚钱不容易，于是想法在各个网站上查找最便宜的机票。大多数交流生查找的是直飞的航班，认为越直接越便宜，我却打开思路想：如果绕道走会如何？后来惊喜地在一个旅游网上发现，如果绕道加拿大走，比直飞的机票要便宜 2000 多元人民币呢！于是，我买到了最便宜的机票，不少同学对我羡慕不已。我想象着回家后家人们必然会对我的能力大加称赞。

然而，我怎么也没想到，就在我即将登上回国的那趟航班前，就是这让我扬扬得意的机票，差点出了大问题。

当得知我买的那套票要到加拿大转机时，一开始也有人提醒我可能需要办个加拿大签证，但是我问了几个美国同学，他们说也可能不需要。再看网站上，并没有提醒我需要加拿大签证，而且我想当然地认为又不出加拿大机场，我只是转机而已，应该不需要签证。

然而当我到了加拿大机场，意想不到的事情发生了——我被机场一名人高马大的保安拦住了。他要求看我的护照，也检查了跟我同行的一个中年人。于是我们不安地，但又只好乖乖地把护照交了出去。当他发现我们的护照上没有加拿大签证时，将护照丢了回来，说："你们想非法入境是吧？给你们个机会，从哪儿来回哪儿去吧！"说完，他准备拉着我们交给移民局处理。

霎时，我的心快跳到嗓子眼了。我努力使自己镇静下来，然后很礼貌地跟保安说："不好意思，我想可能有些误会，请容许我跟您解释一下，我并不是想要非法入境，我只是……"

他一声"狮子吼"打断了我："啰唆什么？都给了你机会回美国去了，再狡辩，我随时都能逮捕你！"说完，他拍了拍腰间放手铐的皮盒子。

一个中学生哪见过这种阵势？那个保安太凶了，连辩解的机会都不给我，万一真被遣送回去，到时重新花钱买机票不说，如果留下什么信用污点之类的就更麻烦了。

我当时脑子里一片空白，不知道怎么办才好。我转念想，那个同行的叔叔或许会有办法。于是我转头看他，没想到他脸色惨白，比我还慌张，甚至都真的打算买票回美国去了。

就在这个时候，我突然想起作为管理学家的爸爸，在他的专著《心本管理》中讲述的一个观点："要管理好事情，先管理好心情。"同时想起妈妈以前再三叮嘱我的一句话："不管遇到什么麻烦，都一定要保持冷静。"我心想：唉，求天天不应，求地地不灵，果然到头来还得看自己能不能独自解决问题。

我想，这个保安的态度如此恶劣，即使再跟他沟通下去也不会有好结果。这么大的机场，肯定不是只有那个保安说了算。既然跟他说不通，那我就找别的人。于是我很郑重地跟保安说："我要求跟你们这里的负责人谈谈，否则我将投诉你恐吓我。"

保安见我突然变得如此严肃，也不敢把我当小孩子看了，果然他语气缓和了一点，并把我们带到移民局办公室，让我们见负责人。

在去办公室的路上，我开始绞尽脑汁地想，要用什么样的语言说服移民局办公室的官员，让他们不把我们遣送回美国，允许我们过境飞往中国。

我分析了一下，移民官担心的无非就是我们以转机的借口非法入境，留在加拿大。要想打消移民官的顾虑，我首先得明确表达我们完全没有逗留的意思，我们这么做只是为了省钱，买了网上最便宜的票才不得不来加拿大转机。同时，也要适当博取移民官的同情心，说我们是学生，出来读书不容易，家里人都盼着我们快点回去，我们不想在最后的节骨眼上出差错。

果然，我的想法奏效了，在和移民官的交谈中，我表现得非常自如，据理力争，丝毫没有显露出我心里的紧张。移民官最后真的被我说动了，决定帮我们个忙，给我们办一个临时过境的手续。就这样，我们顺利登上了回国的班机。

到了飞机上，我长舒一口气，这可真是一次惊心动魄的经历啊。多亏了我当时管理好了自己的情绪，冷静下来想问题，不然，我回国还真的有可能被耽误。

通过这件事，我也得到了以下几点感悟，或许对你也有借鉴意义。

第一，警惕疏忽出大错。这次在加拿大因为没办签证，差点被遣返美国，对我而言就是一个值得一辈子记住的教训。我们青少年经验不足，有时候却又盲目乐观，或者只想省事。

其实当初既然有疑虑，就不应该想当然，而要去核实，哪怕打电话到订机票的网站问一下，这样的麻烦也能够避免。

第二，要学会独立自主地解决问题。

尽管我们从小有父母、老师的呵护，一般不用操太多心，但每个人总有不得不独自面对和处理问题的时候。尤其随着年龄的增长，要承担的东西越来越多，这时候，我们提高自我解决问题的意识就越来越重要了。

第三，爸爸说得没错："要管理好事情，首先管理好心情。"

一般人遇到问题和麻烦时，最容易出现的反应就是慌乱、着急、懊悔或者愤怒……但事情都已经发生，这些情绪不但于事无补，而且情绪一乱，思绪也会跟着乱。反倒是冷静下来，解决问题的方法就容易想出来。

第四，要深信，解决问题的方法不止一种，能够沟通的人也不止一个。当你遇到棘手的问题时，可以试着拐个弯、换种方式去解决。

第五，说服别人的一大诀窍，就是分析和消除他的顾虑。只要顾虑消除了，事情就好办了。

（2）面对绑架如何巧妙脱险。

那人突然用一只手扣住了我的肩膀，同时我感到背后被什么尖东西抵住了。

接着，只听到一个压低嗓子但恶狠狠的声音，在我耳边响起："老实点，我们的车就在前头，乖乖跟我走！"……

这不是惊险电影里的镜头，是我15岁时的亲身经历，我的的确确遭遇绑架了！

那是一个寒冷的冬天，刚进高中不久，我利用放学后的时间和同学一起去买班级圣诞节表演需要的东西。买完后，同学带着东西回学校了。我走出商场正准备回家，突然有人笑嘻嘻地叫我："同学，同学！"

我以为他要问路，于是就停了下来。他上来就搭讪："看你的校服，是麓山国际的吧？"我点头说是。

接着，他拿出手机，给我看了一张照片，问我认不认识上面的人，然后开始问我许多关于我们学校、我们年级的问题。我看他满脸笑容，也就没什么防备心，以为他是想替朋友打听学校的事情。

我们边说边走，他开始带着我往商场边的一条偏僻小巷走。我突然意识到有些不妙，想转身离开，但已经晚了：他一只手紧紧抓住了我的肩膀，同时用东西抵住了我的后背，威胁我，要我跟他走，上他们的车。

我顿时全身直冒冷汗，手脚都开始有点不听使唤了。我知道自己遇到大麻烦了！更糟糕的是，他说的是"我们"，也就是说他可能还有帮手！假如下一步上了他们的黑车，结果更加不可预料。

　　这时候，我一方面责怪自己怎么这样不小心，一方面希望父母或哪个熟悉的大人从天而降出现在身边。但是，此时的情景，这些情感和思想都显得那样苍白和无用。难道我就只能任其摆布，越来越被动吗？

　　就在那一瞬间，那句爸爸妈妈平时再三叮嘱我的话"遇事首先要冷静"，立即在我耳边回响起来。其实，我以前也遇到过慌乱的时刻，每当那时候，我常常是深吸一口气，一再告诫自己"冷静！冷静！"，然后想出理想的方法去解决。

　　于是，我和以往一样深呼吸并告诫自己冷静，之后，大脑开始飞速运转，头脑中闪过几套方案：首先是硬拼，但我评估了一下，我旁边的小混混起码比我高出半个头，身体也比我壮很多，真动起手来未必是他的对手；接着是呼救，但我一打量，边上当时只有一个老太太和两个小孩，自己基本上得不到帮助，更关键的是，我背后还被他用刀或其他利器抵着，如果贸然呼救，说不定自己还有生命危险。

　　怎么办？再不想办法脱身可就来不及了！我感觉自己的心"怦怦"地都快从嘴巴里跳出来了。

　　就在这时，我突然看到旁边有家饭馆。当时正好是晚餐时间，透过窗户我看到有人正在吃饭。那一瞬间，我知道自己该怎么办了！

　　因为一路上我表现得很配合，加上看见我不过是个中学生，肯定会乖乖就范，那家伙也就放松了警惕，不管是抓着我的手还是背后抵住的尖尖的东西，都明显放松了一些。

趁着那家伙放松的那一刻，我猛地一弯腰，从他手臂中挣脱出来，以旋风般的速度冲进饭馆，没等那位满脸诧异、嘴巴张成"O"形的女服务员反应过来，她手中端的两盘菜已经被我撞到了地下。接着，我看到一个桌子上还放着一摞高高的碗碟，于是毫不犹豫地横扫过去，只听"哗啦啦"一片响，碗碟碎了一地！

饭馆里的顾客，眼光齐刷刷都往我这里扫过来。而巨大的响声几乎把饭店所有的工作人员都吸引过来了，我一下子被他们围了起来。我用眼角余光扫了扫窗外，发现刚才那抓住我的家伙恨恨地犹豫了一下，然后无奈地匆匆溜走了。

既然给饭馆造成了损失，饭馆的工作人员自然不会轻易放我走，我理所当然地被"押"进了经理室。当经理室的门关上的那一刹那，我知道自己彻底安全了。我一屁股坐在椅子上，好一会儿才回过神来。我简单告诉了经理事情的经过，并请他不必担心，我会打电话让妈妈过来赔偿所有的损失。随后，我报了警，给妈妈打了电话……

一会儿，妈妈十万火急地赶到了，见我安然无恙、满脸轻松地坐在经理室，而且俏皮地朝她做鬼脸，她简直不敢相信自己的眼睛。她不断地说："吓死我了！刚才可吓死我了！"

餐厅一点数，我竟然碰掉和打碎了360多元的盘碗！如果是其他原因要赔钱，妈妈肯定要责骂我，但此刻，她高高兴兴地帮我付了赔款，直夸我勇敢机智，同时，还不忘幽我一默：
"还好你没跑进古董店！"

很快，警察叔叔也到了。虽然没有一下抓到那个坏蛋，
但警察叔叔做了详细记录，以便日后能抓到他。警察叔叔还告
诉我，就在最近，连续有几起相似的案件，犯罪嫌疑人的作案
手法如出一辙：先是通过校服盯住某些著名中学的学生，以各
种理由把学生带到他们的地方，然后或是抢劫，或是让学生的
朋友或家人送钱过来，说白了就是绑架并敲诈勒索。对我能采
取这种机智的方法逃脱，两位警察叔叔表示极为赞赏。

通过这件事，我得出如下体会：

第一，学会生存，不要认为危险与你无关。

从小到大，爸爸妈妈就常常提醒我注意安全问题。但有
时候被他们叮嘱多了，我也会嫌烦，虽然嘴巴里答应着"知道
啦"，但心里并不买账，而是想：什么哪个孩子遭到校园勒索、
哪个孩子又被绑架了，那都是报纸和电视新闻上说的，哪有那
么巧，会让我碰上？那还不跟买彩票中大奖的概率一样吗？但
我万万没想到，这个"大奖"真有一刻偏偏就让我撞上！

我一辈子都不会忘记我被那坏蛋用利器顶住身体、一时
无法逃脱时的后悔心理：要是早听爸爸妈妈的话就好了。而现
在我也要叮嘱作为读者的你：不要认为危险只存在于虚构的世
界，或者说只是与他人有关。如果你不小心，它就有可能随时
降临在你身上！

第二，避免成为受伤害的目标。

这牵涉到方方面面。比如在发生这事前，我一直觉得校服是我的骄傲，但谁能想到，正是这令我骄傲的校服，反倒会成为某些不法分子敲诈勒索的线索呢？还有一个细节也格外值得提醒：遇到一个陌生人向你问路，正常的情况下，问路者为了表示自己的礼貌和尊重，一定会和你保持一定的距离，如果这个人和你距离非常近或者干脆就走到你旁边，那么一定要特别警惕。像我一样，一边走一边回答，最后在不知不觉中就被别人带往了偏僻的地方，就容易给坏人可乘之机。

第三，问题出现，牢记"冷静是最好的护身符"。

有句话说得好："大部分死于非命的人都不是死于意外，而是死于慌张。"这句话用在这里有点过了头，但说明的道理都是一样的——一旦你慌张，便给了歹徒可乘之机，会越来越轻易地"操纵"你，你就会越来越被动。

但是，一旦你能让自己冷静下来，你就有可能找到解决问题的理想方法。

第四，勇敢重要，但机智有时更重要。

我们青少年在与不法分子斗争的过程中，往往处于弱势地位。所以不能逞一时的血气之勇，那样反倒容易吃亏。像我在这次事件过程中，一方面不和他硬顶，另一方面采取转移他注意力的方式逃脱。进而让饭馆的人注意到我打破他们的东西，于是围上来"扣押"我并送到经理办公室，这实际上就是保护了我，让不法分子无法得逞。这就是一种较为机智的方法。

事后，我的一位老师还对这件事进行了点评，说即使到了饭馆里，我也不向饭馆的人员直接求助，做得非常好，因为即使直接求助，如果遇到不负责任的人，说不定还会赶我走。而对我这种做法，饭馆的工作人员为了弥补损失，就一定不会坐视不管。在大家都关注我的同时，坏人就可能知难而退，收到的效果更好。

第五，所谓"素养"，就是平素养成的习惯。

这其实是我体会最深的一点。

不知大家是否还记得发生在汶川大地震时的一则新闻：尽管以前没有发生过地震，但安县桑枣中学平时多次演习如何地震逃生。该校紧邻地震最为惨烈的北川，但在这次地震发生后，全校2300多名师生，从不同的教学楼和不同的教室中，全部冲到操场，以班级为单位站好，用时1分36秒。该校创造了师生无一伤亡的奇迹。这则新闻给了我很大的触动，也使我更能自觉地促平时养成好习惯。

在我对付绑匪的故事中，无论是遇到问题让自己冷静下来，还是在特殊情况下想出解决方法，基本上都来源于我平时对自己有意识培养的好习惯。也就是说，正因为我平时注意自我管理，并因此养成了一系列良好的处理问题的习惯，所以在关键时刻，这些习惯就发挥了关键的作用。因此，我对自我管理的价值，哪能不深有体会呢？

2. 我如何从憎恨拘束到爱上自我管理

说实话，我以前根本就不知道什么是管理，更不喜欢什么自我管理。

我的名字叫牧天，爸爸妈妈给我取这个名字，是希望我能够像放牧于天空中一样自由自在，不受太多拘束。而我的性格恰好像我的名字一样，从小就不喜欢受拘束。但我的这份不受拘束，也没少让父母烦恼甚至吃苦头。

上幼儿园的时候，有一次班里组织小朋友打防疫针，别的小朋友都是一边哭一边乖乖就范。轮到我时，我对那个拿着针管的护士又打又踢，结果四五个大人一起过来按着我，我仍然一脚踢翻了放着针管和药剂的桌子。

因为忍受不了个别小朋友的欺负，有一天我大打出手，打得全班 30 多个小朋友都不敢靠近。

为了体现超人一筹的创造天才，我会把全家的所有鞋子集中在楼梯口，然后以一泡热尿（请大家原谅我的粗俗）让它们享受"雨露天恩"。

还有一次，我居然和爸爸较上了劲。那时我大概也就四五岁吧，爱鼓捣电器的我要爸爸教我修空调遥控器，而爸爸要立即出去采访，车已经等在门口。我心中不满，于是便威胁他："小心我打你哦！"然后以迅雷不及掩耳之势，在他脸上打了一下。爸爸当时愣住了。至于结果嘛，不说大家也能猜到，我的屁股自然也吃了点苦头。不怕大家笑话，直到那一天，我才向妈妈表示我明白了一个基本道理："爸爸是不能打的！"

但是，慢慢地，美好的日子渐渐结束了。我的父母可能感觉到这种自由自在的生活，让我无法无天。于是，便开始将一个叫作"自我管理"的概念引入我的生活中。从此，我的生活就有了很大的变化。说句实话，开始时，我抵触极大，心想傻子才愿意什么"自我管理"呢！但奇怪的是：在不知不觉中，我竟然开始喜欢上了这种方式……

（1）在少年军事夏令营学到的重要一课。

小学三年级的暑假，我参加了妈妈给我报名的一个军事夏令营。其实现在想起来，我觉得那可能是爸妈合伙策划的一个"阴谋"，他们之所以这么做，就是要治一治我太自由自在的个性。

对于这次军事夏令营，我有着四个不同的心理阶段。

第一阶段是向往。我一开始挺感谢妈妈帮我报名参加了这个夏令营，因为我认为在军事夏令营里可以穿军装、打拳，甚至还可以打靶……那多酷啊！所以我对这个夏令营非常向往，眼巴巴地盼着开营那一天快点到来。

第二阶段是讨厌，想逃避。我压根没想到，我所向往的那些事情，竟然一件都没有发生！我们每天做的事情，就是在烈日下站军姿、做队列训练。要知道我所在的地方是有"火炉"

之称的长沙，七八月的太阳就别提多毒辣了，我每时每刻都有种即将被烤熟的感觉。而且，如果我想偷懒，教官就会毫不留情地踹我屁股，别提多难熬了！

我实在是受不了了，于是想，反正钱包里还有点钱，我自己跑出营地，打个车回家多好！

然后我就想了一个逃跑计划：趁大家吃晚饭的时候，我悄悄跑到了大门口，准备溜出去。然而就在我准备打开大铁门上还没上锁的小门跑出去时，一个冰冷的声音从我身后传来："小子，你想去哪儿？"

我瞬间就被这冰冷的声音吓得差点魂飞魄散，回头一看，这声音正来自我们那魔鬼般的教官！我结结巴巴地说道："我……我……我在找厕所！"于是教官半信半疑地把我"提"到厕所，然后又把我"提"回了食堂。

当然我"革命"的斗志并未从此消灭，我开始想其他的办法逃离"魔窟"：我试着混上一辆出营的卡车，结果被开车的兵大哥给"押送"了下来；趁着夜黑人静，我偷偷爬过围墙最矮的地方，结果又被发现，直接被提溜到了教官办公室……

第三阶段是适应它。

被抓到教官办公室时，我早已做好了被狠批的心理准备。没想到教官并没有责骂我，而是让我坐下，很和蔼地问我："听说，你妈妈之所以给你报这个夏令营，是因为你从小就有个当将军的梦想，对吗？"

我点了点头。

教官继续说："我还记得我当兵之前，我的教官对我说过一句话，我一直牢牢记在心里，现在我把它送给你：'训练场上多流汗，是为了战场上少流血。'每一名出色的将领，都经受了比你辛苦百倍千倍的付出和锻炼，肩上才有资格挂上那些军衔。我们现在让你们如此受苦，正是在锻炼你们啊！"

听了教官的话，我忽然觉得腮帮子上就像爬上了许多只蚂蚁，有些火辣辣的，我开始为之前逃避的行为感到有些羞愧了。因为我确确实实从小就有一个将军梦，而照教官那么说，我逃跑肯定就没法得到锻炼，更加不可能成为将军了。

于是从第二天起，我不再想方设法逃跑了，但我对这累人的军训还是有抵触心理，我还是不想站军姿、不想长跑、不想操练。

但渐渐地，我发现，有的时候就算教官不在场，我竟然也能习惯性地自觉站好军姿，接受太阳的暴晒；出汗了、被晒痛了我也不再抱怨，更不乱动了……

我突然觉得非常神奇，虽然很累，但是我心里有了一种从未有过的心甘情愿。

接下来，就进入第四阶段——"享受它"的阶段。

不久后，一件事让我逐渐改变了自己的态度。

有一天，我们听教官说："同学们，告诉你们个好消息！明天早晨我们不站军姿了，我们……"还没等教官说完，我们的欢呼声已经完全盖过了教官的声音。教官示意我们安静，然后继续说道："我们明天早晨要玩一场游戏，高年级的同学一队，低年级的同学一队；一队找地方隐蔽，一队要想办法抓到对方。"

这时，教官让我出列，对我说："吴牧天同学啊，我看你几次试着逃跑，你可真是比孙猴子还机灵啊！我有个重要的任务要交给你，你愿不愿意接受啊？"

我心里一惊：什么？有重要任务交给我？不会是我逃跑太多次，他要罚我扫院子吧？

教官一看我的表情，马上笑着说："你别想歪了，你看你鬼点子这么多，我能不能拜托你暂时先别急着用在逃跑上？你看，你们低年级的同学，对抗高年级的同学肯定比较吃亏。既然你鬼点子多，我就任命你为你们低年级队的临时大将军，由你出主意，带领大家打败高年级队，怎么样？"

整句话里，我就听进了"大将军"三个字！哇，那不正是我梦寐以求的吗？我脑袋像上了发条似的狂转，我立即跑回宿舍，跟大家炫耀："教官任命我为大将军啦！明天的比赛你们都要听我的！我们现在开始制订作战计划……"

那天晚上，为了给大家制订一个完美无缺的作战计划，我熬到很晚，直到确定胜券在握才去睡觉。

第二天，按照我的作战计划，我们低年级队竟然真的打败了高年级队！我这个"大将军"脸上，自然是相当有光。

正当我们在欢天喜地庆祝时，教官走过来，拍了拍我的背，问大家："你们觉得你们的大将军厉害吗？"大家纷纷说："厉害！"

听了大家的赞扬，我当时真是美得要飞上天了。这时教官蹲下来对我说："我没有看错你，你是个有能力的孩子。但你如果还像以前一样，把小聪明用在逃跑上，那你注定只能当一个逃兵；而你把你的智慧用在领导大家上，你就能成为一名成功的将军！所以，你身上有用的东西，放在不同的地方，便会有完全不同的效果，你说对不对？"

我心里受到了很大的触动，原来我那些用来偷懒的小聪明，用在别的方面，竟然也能如此的有用啊！

从这次夏令营中我学到的最有用的东西是：长处用在坏地方，便会让自己犯错误；而把长处发挥到好的地方，便能让自己获得成功。我那时还不知道，这其实符合管理学的一个基本原则：学会善用长处——"没有废品，只有放错了位置的才能"。

在结营仪式上，教官一改平时的严肃，非常和蔼地对我们说了这样一番话：

"同学们，祝贺你们顺利完成了这次夏令营的体验！我相信，你们大多数人都被我折磨得恨死我了！有些人肯定一辈子都不想见我第二次。但我也相信，也有一些同学以后会感谢这次夏令营。虽然被管束是很痛苦的事，但你们还小，容易犯错误，所以管一管是有好处的。以后，你们更加要学会自己管好自己。"

教官嘴里说的"自我管理"，事实上我已经开始感受到它的好处了。我从刚开始不服从管理、想逃跑，到慢慢学会自己管好自己，认真训练，并从中尝到了成功的甜头。这些是我以前从没体会过的。

回家后，爸妈都夸我变化很大——爸妈叫我做什么，我更加雷厉风行了；做作业，不用催就会自觉去做了；每当想偷懒的时候，我都会说服自己该行动了……

那次夏令营也让我开始领悟到，爸妈所希望我的自由自在，并不是什么都不受约束，因为有些约束，恰恰是可以帮助我们成长的。

（2）一个同学让我看到自我管理的魅力。

小学毕业后，我进入了一所重点初中学习。我学到的第一堂课，是班主任周亚薇老师在做自我介绍时说的一句话："人生的价值，在于让别人因为我们的存在而感到幸福。"

我觉得周老师说得太有意思了，于是就牢牢记住了这句话。长这么大，我还是第一次听说，一个人还能发挥出这么大的价值，竟然能让周围的人觉得幸福。而我真的很想知道要怎么样做才能让周围的人感到幸福。

不久后，我的一个同学，就用行动告诉了我这句话的含义。

阿海是一个长得很胖、爱吃、爱睡的男生，由于爱吃和爱睡，班上还有人给他起了个跟猪有关的外号。

仅仅因为他长得胖，班上常常有人欺负他，我都觉得他挺可怜的，但他自己却好像并不太在意，还是经常乐呵呵的。

他是我们班的生活委员，每天负责给同学领水果和牛奶。别班的生活委员领了水果和牛奶，大都就放在讲台上，让大家自己去拿。但阿海却每次都帮我们把水果洗好，分送到每个人桌上；牛奶和吸管他同样也会分到每个人桌上，为了防止吸管掉到地上，他每次还细心地用牛奶压着吸管。

因为阿海没有朋友，那天早晨，我看见他和往常一样，一个人从食堂吃完早餐出来。这时班上另外几个男生刚好也从食堂出来，他们看到阿海，就开始议论起来："你看他，长这么胖也不知道减肥，还那么能吃，真不愧是猪啊！"

他们的话显然被阿海听到了，但他并没有冲那几个男生发火，只是低下头，加快脚步回到了教室。

我当时就想，听了这样的话，阿海心里肯定非常难过，那他今天发水果的时候，对那几个同学肯定不会那么认真了。我甚至还猜想，他今天或许会在他们的水果上弄点什么脏东西来报复一下。

到了发水果的时候，我特意跑到教室后头，观察阿海会怎么做。

当他走近那几个同学的座位时，我不由自主变得紧张起来，甚至不断假想着他可能会做出的各种发泄举动。

然而出乎我意料的是，他只是将水果认认真真擦干水，挨个放到了他们的桌子上，就像什么都没有发生过！

我顿时觉得他非常了不起，想不到面对那些嘲笑他的人，他还能如此包容。

事后，我忍不住问他："为什么他们那样对你，你却还能对他们那么好呢？"

他回答说："我牢记老师的教导。虽然别人对我不好，但这并不是我可以对别人不好的理由。"

我被他深深地震撼了，就算是别人如此嘲笑他、欺负他，让他难受，他却仍然能够对别人好。我想，他如此大的气量，将老师教给我们的"让别人因为我们的存在而感到幸福"展现得淋漓尽致。

我觉得阿海的自我管理就做得非常非常好，他有以下三点了不起的地方。

第一，他落实了老师第一天告诉我们的那句话。现代管理学之父彼得·德鲁克说过："管理的关键在行而不是知。"全班同学都知道老师说的话很有道理，但是却没有几个人能真正把那句话变为行动，他却能好好将这句话付诸实践。

第二，他给自己定了个高标准，让自己按照高标准来为大家做事。

第三，更重要的是，哪怕被人欺负和笑话，他仍然能够为大家做得这么好。他有这样的自我控制能力，真的是值得我学习的楷模。

　　（3）从战胜睡懒觉学到的"自我打磨"。

　　初中毕业的那个暑假，让我格外难忘。因为那是作为管理学专家的爸爸，亲手调教我，让我自我打磨的阶段。他给我定下了一条"霸王条款"——早晨6点半必须起床，然后跟他去晨练。

　　我之所以管它叫"霸王条款"，是因为我根本就不想服从，但是爸爸的权威我又实在不敢挑战，于是只好硬着头皮答应下来。

　　我内心强烈抗议！当时我初中刚毕业，刚从早起晚睡、周末都没时间休息的初三解放出来，我所盼望的暑假是睡懒觉、吹空调、吃西瓜、玩网游的纯宅男生活，然而被老爸这么一折腾，我这宅男注定是当不成了！

　　我试着跟爸爸讨价还价："6点半？我肯定起不了那么早的！"

　　爸爸说："起不来也要起，你手机定个闹钟不就行了？"

　　我只好点头，但心里暗暗一笑，因为以我平常假期里对待闹钟的态度，一般是闹钟响起后我会在一两秒内将其"扼杀在摇篮当中"，然后脑子里想着"再睡十分钟就起来"，而这一睡，就不知道睡到何时了……

　　我本想用同样的方式"混"过去，到时跟爸爸说闹钟没闹醒我就行了。然而到了第二天早晨，我才发现自己太天真了。

　　6点半，我的闹钟准时响起，我也毫不手软地将其"打"

成了哑巴，然后接着倒头又睡……然而，睡着睡着我发现不对，怎么还这么吵？仔细一听——原来老爸的手机闹铃也在响，同时还响起了老爸"咚咚"的敲门声和喊声："牧天，起床啦！我们跑步去！"

没想到老爸还有这一招！我脑子里顿时有千万名阿凡达战士骑着翼兽满天飞舞！我真想打开门，抢过老爸的手机，开启"飞行模式"，让它从我家 27 楼的窗口感受一下什么是飞流直下三千尺！但我终究还是没那胆子，只好心不甘情不愿地爬起来，刷牙洗脸，跟着老爸出去跑步了。

一开始，我真的非常抵触起早，因为我觉得睡懒觉真是莫大的享受。但慢慢地，我开始感觉到晨练的好处了——平时我睡懒觉，然后去新东方上课时，整个人就挺懒散，还容易打瞌睡。但自从我开始晨练之后，精神明显变好了，白天不感到疲惫了，上课效率也更加高了。

就在那时，我在新东方学了一篇题为《自己打磨自己》的文章，心灵再次经受了很大的震撼。

美国著名的科学家、政治家本杰明·富兰克林曾经到一家杂志社实习，杂志社里有一个对员工要求非常苛刻的老编辑。

富兰克林对老编辑说，希望他能够对自己多多关照，而老编辑只拿了一本字典丢给他，说："好好写文章，不懂的字就查这本字典。"

老编辑的桌上放了一个盒子，富兰克林每天写好了稿子就会放到盒子里，如果哪天早上上班，老编辑发现盒子里没有稿子，就会在富兰克林上班时敲敲空空的盒子，提醒他要抓紧写稿了。

富兰克林就这样一边查着字典一边努力着，正因为他按照老编辑的严格要求不断磨炼自己，最终取得了成功。

后来，那位老编辑去世了。在富兰克林整理老编辑的遗稿时，他发现了这样一段老编辑写给自己的话："孩子，其实我不是你心目中的那个人。我并不懂写作，每个单词我都得查字典，一篇稿子我要看上十遍。当然为了生活，我不得不给自己树立一个权威的形象。你让我教你，我尽量去做，其实多数时候是你自己在打磨自己。"

富兰克林心里一惊——自己打磨自己？他一回想，确确实实，很多个日日夜夜，他都是在自己查着字典、自己逼着自己写稿子。

读完这个故事，我心中久久不能平静，想到这些日子以来，爸爸妈妈、老师同学都在引导我更加优秀和进步，但我还没有真正变得自觉起来。我为什么就不能像富兰克林一样，自己打磨自己呢？

于是，我明确告诉爸爸：以后不用再叫我起床了，我自己会做到。爸爸刚开始有点将信将疑，但我很快用行动证明了给他看。

从那以后，哪怕头一天再累、再困，我都会要求自己按时起床。最有意思的是：曾经有近 10 天时间，爸爸出差了，妈妈也在外地，没有任何人监督我，我也会按时起来。星期天我可以不去上课，照以往的习惯，我肯定趁着爸妈不在，美美地睡个懒觉。那天早晨我准时醒来后，第一个念头就是想赖床，但不到一秒钟我就把被子掀掉，鞋子都不穿就跑去洗脸。当我再次出现在小区的操场时，我忍不住对自己夸了一句：

兄弟，你干得不错，好样的！

从被迫接受"打磨"，到自己打磨自己，这是一个痛苦的过程，却是最重要的一步。从此，我不仅改掉了睡懒觉的习惯，也在其他方面慢慢学会控制那些放纵的念头，并越来越感觉到自我管理的魅力。

（4）在执勤中实践管理与自我管理。

假期一有空，我就会去北京跟爸爸一起住一段时间，在陪爸爸的同时，我也得到了不少学习的好机会。比如有一次，我参加了爸爸在清华大学开设的管理学课程。其中有门课的核心理念是"方法总比问题多"，它提倡"只为成功找方法，不为失败找借口"，"只要思想不滑坡，方法总比问题多"。

这个理念在那些参加爸爸培训的学员中产生很大反响。大家都觉得它最核心的价值是：遇到问题，要想办法去解决，而不是推诿，这正是自我管理精神的高度体现。同时它又强调创新思维，提倡"找方法的方法"，总结起来就是这样三句话：

"总有更多的方法。总有更好的方法。总有最好的方法。"

记得那次听课时，坐在我旁边的叔叔，看到我这么小也来听课，很是惊讶。他还说："其实这样的理念不仅仅对企业员工有用，对学生也同样有用，只是很少有学生愿意像你这样来听课罢了。"

我当时听了叔叔的话，也觉得很诧异，因为我并没觉得这样的课对我们学生有什么用处，直到有一次，我真正实践了"方法总比问题多"。

我初中和高中都是在长沙麓山国际实验学校念的。我们学校有个很有特色的制度——每一周，高中部和初中部各会轮流有一个班担任执勤工作。班主任会给学生分工，让大家帮忙去管理学校的各项纪律。每一次执勤之前，老师都会跟同学强调："要想管好别人，首先就得管好自己。"这句话我相信每一个在我们学校上过学的同学都印象深刻。显然，执勤工作不仅锻炼了我们管理他人的能力，也锻炼了管理我们自己的能力。

我执过许多次勤，而我印象最深的是这一次——

　　我和几个同学被分配到食堂，管理领饭的队列秩序。很多人都羡慕我们，就连我们自己都洋洋得意。因为在食堂执勤，可以说是最轻松的，没有什么体力活要做，只需要站着（有时甚至只需要"象征性"地站着），管一管排队的秩序就行了。而在我们这几个人当中，又要数我最嘚瑟了，因为我之前有过几次执勤的经历，我认为有了我的参与，大家肯定能够非常完美地完成执勤任务，我甚至天天盼着快点到上岗那天，好表现表现。

　　然而第一天上岗后，我才发现，我之前的想法太天真了。

　　那一次，不知道是学校有活动还是什么原因，一下子增加了不少人，而食堂地方有限，于是拥挤便成了大问题。我们心里"咯噔"了一下，不禁暗自叫苦。很快，食堂里便人山人海，我们执勤的同学被堵得寸步难行，根本无法在人群中穿行管理秩序了。

　　既然走不动，我们只好放开喉咙喊，希望大家能够听到，能够讲秩序一点。

　　然而大家都饿坏了，都急着吃饭呢，加上当时那么嘈杂，就算我们喊破了喉咙，也根本没人理会。

　　于是，我们第一天的执勤以惨败告终。这让大家非常气馁，甚至有同学都想去跟老师申请换岗位了。

　　本以为自己能够管得很好，没想到却是这样的结果。在回去的路上，我垂头丧气，差点也动了向老师申请换岗位的念头。但就在这时，脑海中突然蹦出那句话："只为成功找方法，不为失败找借口。"

于是，我召集了那些去食堂执勤的同学，先给他们鼓劲，然后发动大家一起想办法。

我们首先分析了我们面对的问题：

第一，食堂地方小，而人很多；

第二，同学们的排队意识不强，只想快点拿到饭，所以大家都往前冲；

第三，很多同学不服从管理。

针对这些，我们分别想出了不同的解决方案：

针对第一点，可以向老师申请多增加些人手，在食堂排队的地方引导人流，安排同学就座。

针对第二点，把食堂的排队纪律公告出来，让大家逐渐形成纪律观念，并在每两条队伍之间安排一个人来实施监督。

针对第三点，应该严格地实施奖惩制度，遇到不服从管理的，不论是谁，都要登记名字，并扣除相应的班级分数。

说干就干，我们立即将方案上报给班主任，并得到了班主任的支持。第二天我们就开始将这些措施实施到执勤中去。

我们的食堂执勤由此获得了不错的效果，秩序比起第一天有了明显的改善，而且因为这些措施，不仅我们，后来执勤的同学也轻松了不少。

正是因为学了爸爸提倡的那个好观点，在想要放弃的时候，我才能管理好自己和团队，没有偷懒或者逃避，而是主动去想办法解决。这些年来，每当我遇到问题时，我也总是以此来鼓励自己，而最终也总能将问题解决。

（5）湄湄姐姐——独立解决问题的好榜样。

在我学会自我管理的过程中，有一个不得不提的好榜样。那就是我的干姐姐湄湄。应该说，我独自面对、独立解决问题的一些意识和做法，在相当程度上是受到了她的影响。

湄湄成绩很优秀，她比我早几年作为交流生，去了美国中学学习，之后又考上了美国的重点大学，毕业后进入了全世界最有名银行之一——花旗银行工作。发生在她身上的两件事，对我影响尤其深刻——

出国前，湄湄姐姐就通过各种途径，搜寻最经济划算的去美国的机票。后来，她发现通过香港的航空公司买得到非常便宜的机票。就在她很庆幸能找到这么便宜的机票时，航空公司却告诉她，只有团体票才能享受这么低的折扣，而她属于个人订票，所以无法享受这样的优惠。

我想，换了很多人遇到这种情况，肯定二话不说就找别的机票了。但湄湄姐姐却没有，她的第一个念头不是打退堂鼓，而是思考能不能找到解决的方法。

她想，既然团体购票才能优惠，那自己为什么不能按照航空公司人数的要求，组织一些人一起买票呢？这样自己省了钱，也帮助了其他去美国的人。

说干就干，湄湄姐姐立即通过电话、短信、网络等方式，找到了不少愿意一同订票去美国的人。就这样，湄湄姐姐最终如愿以偿买到了特价机票。

在这个故事中，湄湄姐姐值得我学习的，不仅仅是她懂得节俭，更是她面对问题时的态度。同时，她还告诉我一个理念：优秀的管理者，总是那些能主动调动资源、组织资源的人。

再来看她的另一个故事。

去了美国的中学交流学习后，她得知：在美国，中学生是可以学开飞机的。这在中国是根本不可能的事。喜欢尝试的她立即报了名，在学习之余学习飞行。然而，正当湄湄姐姐学得最起劲，而且即将可以尝试等待已久的独自驾驶时，交流机构却给她带来了一个让她沮丧不已的消息。

交流机构告诉湄湄姐姐，她交流学习的时间即将到期，因此要求她在一周内必须回国。然而湄湄姐姐的飞行学习，还需要至少半个月才能结束。

湄湄姐姐试着跟交流机构沟通，说自己的签证还有一段时间才到期，正好可以学习到飞行结业。但交流机构担心她只是找理由留在美国，没有同意，依然要求她一周内回国，并且告诉她，如果不按时回国，她就会被列入黑名单，以后都没法再来美国了！

我想，一般人碰到这种情况，可能会选择乖乖回国，毕竟自己只是一个中学生，面对的可是交流机构，飞行不学就不学了，可别因此真的上了黑名单。但湄湄姐姐那股遇事不轻易放弃的劲儿又上来了，她通过向有关方面征询意见，得知只要签证没有到期，就可以留在美国。而交流机构的说法，其实只是吓唬她而已。

于是湄湄姐姐一边继续学习飞行，同时也用客气和智慧的方式，和交流机构进行沟通，尽力说服他们，打消他们心中的顾虑。最终，湄湄姐姐成功地获得了交流机构的理解，在美国顺利完成了飞行学习，并独自飞上了她梦寐已久的蓝天。

听了湄湄姐姐的这段经历，我对这个外表柔弱，内心却十分坚定的姐姐充满了敬意。而更让我受益的，是她接下来对我说的一段话：

"牧天，不要觉得发生在我身上的事很遥远。你去美国后，肯定也会碰到类似的事情，甚至问题更复杂，多想想各种可能性，等到事情真的发生了，才能有备无患。"

这也给了我很大的启发。以前不论看书还是听别人讲自己的经历，虽然也会觉得精彩，但看看、听听也就过去了，不会去想这些和自己有什么相关。就像以前也看过不少遭遇绑架如何巧妙脱险的故事，但我却从没想过假如类似的事情发生在自己身上究竟该怎么办。湄湄姐姐的话突然让我明白了一个道理：从发生在自己身上的事情总结和学习固然重要，但从别人的故事中总结和学习，同样也是非常重要的让自己成长的方法。

3.先是我们养成了习惯，然后习惯养成了我们

要实现真正的自我管理，关键在养成好习惯。有句名言说得好："先是我们养成了习惯，然后是习惯养成了我们。"

当然，要养成好的习惯并不容易。对此，我总结出来的经验有以下三条。

（1）养成好习惯第一步，是把好道理立即变成行动。

从美国交流回来后，爸爸的一位同事请我们吃饭。饭桌上，我主动起身为大家倒茶。爸爸的同事见状，忍不住夸奖我说："你这个小海归啊，照理来说应该是我们照顾你呀，你怎么照顾起我们来啦！"

我妈妈在一旁笑了笑，我知道妈妈为什么笑，因为只有妈妈最清楚，我并不是在美国才学着这样做的，而是早就养成了照顾别人的好习惯。

那是我读小学的时候，有一天放学回家，一进门我就感觉不对——房里热得吓人，甚至比外面还要热。如果这是冬天，我还能理解，因为当时我家房子很小，冬天生个火整个屋子都暖暖的。可那时是夏天，妈妈不可能生火。

我开玩笑地对正在内屋写稿的妈妈说："妈妈，这才夏天呢，你怎么就在家里生炭火了？"妈妈一听，从椅子上跳起来，大呼不好，然后冲向了厨房。我不知道发生了什么，也跟着妈妈冲进了厨房。

只见灶台上坐着的开水壶冒的已经不是蒸汽，而是一股黑黑的浓烟，连塑胶做的把手都快被烤熔化了。我这才明白了怎么回事，原来妈妈烧开水忘了关火！

事后妈妈告诉我，当时她的心思全在稿子上，完全把在烧水的事情忘记了。她还说幸亏我提醒，不然万一起火了，或者是煤气罐爆炸了可就不得了了。

当时爸爸去了北京工作，只有妈妈在长沙陪着上学的我。事后，爸爸打电话对我说："牧天，你也慢慢长大了，妈妈工作忙，你要多学会照顾妈妈。我希望你做生活的主人翁，而做生活的主人翁，就要做环境的主人翁；做环境的主人翁，就要学会主动关心、照顾他人。"

我顿时感到好骄傲，觉得自己是个男子汉了，小小的肩膀上，也要开始承担起责任了。于是我对爸爸说："没问题，我一定会好好照顾妈妈！"

从那天起，每天睡觉前，我会检查门窗是否锁好、煤气是否关好、电源是否关闭……有时我都已经上床了，但又不能确定门窗是否关好了，那么，哪怕是大冬天，我都会从暖洋洋的被窝里爬出来，再去检查一遍，生怕哪里有疏忽。

不仅在家里，在学校里我也尽量去关心和照顾别人。比如同学病了、功课上遇到难题了，我都会在能力范围之内，努力去帮助他们……

而这样的好习惯不仅让我赢得了周围人的喜欢，也让我从中获得了不少快乐。

说到这里，我又想起另外一件将好道理变成好习惯的事。

一天我在书上看到这样一句话："平庸者挑剔问题，优秀者想办法解决问题。"

我把这句话牢牢记在了心里，每当我想抱怨的时候，都会想想这句话。而这也让我在两年前参加一个青少年旅游夏令营时，受益匪浅。

那次夏令营，我们去了很多有意思的地方，大家玩得很开心，而唯一让我们有怨言的，就是一路上的伙食。

参加这个夏令营的，大都是吃惯了味道很重的湘菜的湖南学生，而到了别的省份，口味一变，我们自然有些不习惯，再加上旅游团的伙食本来就不太好，于是大家怨言不断。

只要到了饭点，总能听到有人说"这怎么吃啊""看了就没胃口""交了钱来吃这个？太坑爹了"一类的话。于是饭桌上总会出现这样一幕：有些人放着饭菜不吃，而是吃起了自带的饼干、方便面……

而那一天，伙食可以说是几天来最差的一次，大家干脆集体"罢吃"，纷纷向带队的辅导员发起了牢骚。三四十个营员，个个都吵着要自己出去买东西吃，辅导员顿时慌了手脚，她也害怕我们乱跑，万一出了什么事她也担当不起！

我不是挑食的人，但面对那天的饭菜，我也不想伸筷子了。说实话，几天都处于半饥饿状态，不管是谁心里都会憋着一股火。但我问自己，也要和别人一样去向辅导员抱怨吗？既然知道抱怨起不了任何作用，那还不如想办法解决问题。

于是我跑去跟辅导员商量，看她能不能跟餐馆交涉一下，把伙食弄得好一点。同时我告诉她，既然大家愿意自己去买东西吃，那么我相信为了改善伙食，大家加点钱也是愿意的，实在不行，哪怕去附近的超市给大家买点"老干妈"辣椒酱什么的也好。另外，我还告诉她，她去做那些事情的时候，不必担心同学乱跑，因为我可以替她暂时管理。

辅导员接受了我的意见，随后和餐馆进行了沟通，餐馆最后同意给我们加菜。这样大家的情绪也平复下来了，等到菜上桌的时候，我有两个朋友还不停给我夹鸡腿、夹肉，说："多谢天哥带领我们走进了'新时代'！"

而随后的几天，由于每次辅导员都提前和餐馆进行沟通，我们的伙食也得到了改善。

夏令营闭营时，妈妈来接我，辅导员还向妈妈夸奖了我一番："你的孩子跟别人太不一样了——不仅像个成熟的大人，而且像个负责任的领导！因为当别人只在抱怨时，他总是在想办法帮大家解决问题！"

从这些点点滴滴的事情中，我越来越感受到把好道理立即变成行动所带来的好处。其实，要做到这一点并不容易。有时候，我们明明知道道理很好，但因为想偷懒、怕麻烦，于是就会想：等等吧，以后再去养成习惯也不迟！

　　我记得爸爸有个很好的观点：现在不做，等于永远不做。

　　事情往往就是这样，越拖越不愿、不想去做，最后干脆就不做了。所以，好习惯，就要在第一时间养成！

　　（2）神奇的"21天"定律。

　　上面所说的，将好道理变成好习惯，只是养成习惯的一个开端，就像跑马拉松一样，光起跑当然远远不够，中间的坚持才是最最重要的。所以，要真正养成习惯，更加需要的是持之以恒。

　　在这里，我跟大家分享一个养成习惯的好方法，那就是神奇的"21天"定律——

　　科学研究表明，一个人养成一个好习惯，只需要三周，也就是21天的时间。而在养成这个好习惯的21天当中，又分为三个阶段。

　　第一个阶段：第1—7天，这是人们充满斗志的时期。人人都认为自己能够坚持下去，能够保持这个好习惯。

　　第二个阶段：第8—14天，这是斗志开始模糊的时期。在这个阶段，人们开始觉得累，觉得难，如果有放弃的机会，许多人都会选择放弃。

　　第三个阶段：第15—21天，如果熬过了第二个阶段，就进入了习惯巩固时期。到了这个阶段，人们已经开始渐渐尝到好习惯的甜头，也就很容易坚持下去了。

　　我对这个"21 天"定律相当有体会。我 17 岁生日那天，爸爸送给我一份特别的"生日礼物"——从那天起，要求我每天写总结，用文字记录下当天的收获和值得反思的事情，并做好第二天的计划。这也就是相当于每天让我写自我管理的日记。

　　一开始，因为觉得新鲜、有趣，我觉得这个点子挺不错。几天坚持下来，我还觉得挺有成就感。

　　而到了差不多第十天的时候，我开始有些懒得写了。一是新鲜劲儿过了，另外我觉得，每天不就那么点事，哪有那么多收获和反思可写？最最重要的是，那几天我受了点诱惑，看动漫看得正爽，根本懒得花时间去写总结。

　　那天晚上，爸爸发现我没有按时发总结给他，于是就进了我的房间，发现我在看动漫。结果不用说，我除了挨一顿批，还被要求立即写总结。我只好暂停看动漫，写了总结发给爸爸。

　　接下来几天，因为害怕老爸批评，我又开始乖乖地每天写总结。等坚持了三个星期左右，我渐渐已经习惯了，如果哪天不写，还会觉得似乎缺了点什么。

　　不过，值得提醒的是，并不是说过了这 21 天，就真的万事大吉了。生活中还可能有很多诱惑，有很多突发事件会让你有放弃这个习惯的可能，所以得时时提醒自己。

　　比如说，我一直用电脑写总结，有一次，我在美国交流时的寄宿家庭带我去迪斯尼乐园游玩了一个星期，我不方便带电脑去，但又知道不能因此丢了写总结的好习惯，于是我随身带了本子和笔，方便每天记录，等从迪斯尼乐园回来之后，再把本子上的东西敲到电脑里去。

我能这样做，其实是以齐白石为榜样。因为我看报道说，他到了 80 岁后，仍然坚持着天天画一幅画的好习惯，就算生病了几天没能作画，他也会在病好后把那几天的画给补回来。

俗话说得好："滴水穿石，非一日之功。"养成一个好习惯也是如此，或许一两天的努力达不到什么效果，但长久坚持下去，就会养成让我们受益终身的好习惯。

（3）同每一个妥协的念头作斗争。

我在美国做交流生时，英文老师说过一句很经典的话：

"人成功的两大敌人，一是'我不行'，二是'我放弃'。这两大敌人，都是源于人们对困难的恐惧。"

老师说得多好！有许多人无法成功，是因为他们在面对困难、痛苦的修行时，觉得自己不行，最后妥协了，放弃了。

那么，我们应该如何向这样的自己宣战呢？

我的小姨，是一个作家，一个学禅的人，她跟我分享了一个非常重要的观点——

要拥有自主的人生，就得在每一个念头上做主——"不恐念起，唯恐觉迟"。也就是说：有了妥协的念头并不可怕，关键是要及时觉知，并及时向它宣战。

我记住了小姨的这个观点，并且很好地付诸实践。

我刚到美国上高中时，有一堂历史课，老师给我们布置了一个作业，让我们回家写一篇满满两页纸的关于经济大萧条的论文。

我回家后，对着要写的论文题目发起了呆，心想：两页纸也太多了点吧？我本来就讨厌历史课，对美国的历史也不熟悉，况且这不是一般的作业，而是论文，怎么可能写得出！

我开始有点不想写了，并给自己找起了理由：我英文还不够好，写作有困难，所以这个作业对我不公平；美国的历史课内容和我在中国上的不一样，我无法写好这样的论文……

想了一会儿，我把笔和纸丢到一边，躺到了床上。正在这时，我突然问了自己一句："你难道就这样怕了吗？"这一问让我很快清醒过来，我立即爬起来，对自己说："不，我才不会被这么点困难难倒呢，我怎么可以想那么无聊的借口来让自己妥协！"然后我拿出纸笔，一边查资料，一边开始奋笔疾书……

第二天，当老师拿到我写了满满 4 页纸的论文时，竟然吓了一大跳，他拍着我的肩膀说："孩子，我相信以你这种学习态度，学好历史完全没问题！"并且要全班的同学向我学习。

看，如果我当时找了个借口妥协了，我肯定没法完成基本的作业，更别谈超额完成任务、得到老师的肯定了。

其实这不仅是老师对我的肯定，更是我对自己的肯定。

4.放弃只需一秒钟，坚持需要一辈子

　　人之所以在坚持好习惯的过程中想妥协，是因为坚持很累、很难，所以难免想放弃。放弃往往是最容易的，只要一秒钟就可以作出决定。但一旦放弃了，前面所有的努力都白付出了。所以，想放弃的时候最不能放弃。

　　我在新东方上课时，在一个同学的电脑桌面上看到一句话："我不知道怎么样才叫成功，我只知道我唯一能做的就是好好坚持。"

　　这句话说得太对了，只有坚持，才能达到目的。

　　就算我们有一个好的习惯，也有可能懈怠，甚至将其丢弃。就拿我自己来说，虽然写总结坚持了快一年，但从美国交流回来后，有几天我跟同学玩疯了，好几天都没写总结。爸爸因为催了我好几次都没有效果，最后给我写了一封5000字的长信，妈妈也严厉地批评了我，我才真正重视起来，再也不敢拖拉和敷衍了。

　　不久后，我又在网上看到一张非常有意思的图，图的内容是这样的——

　　有两个人，同时在挖隧道寻找宝藏。一个人已经挖到距宝藏只有一步之遥的地方，却垂头丧气地背着锄头往回走了；而另一个人，离宝藏还有一段距离，但他在拼命地挖，没有停下来。

　　图片下方有一行字："当你想要放弃时，为什么不想想你

是怎么坚持到现在的？”

于是我好好反省了一下，觉得答应下来的事情就一定要做到，更何况这是我好不容易养成的好习惯。虽然放弃会让我轻松不少，但坚持了这么久，一放弃，之前所做的就都没有意义了！从那以后，不管遇到什么情况，我再没有中断过写总结。

在写作这本书时，我统计了一下，总共 1 年零 6 个月的时间，我在学习的同时，竟然写了 30 多万字的总结！看了这个数字，我真有点不敢相信自己的眼睛，同时也感觉到一种从未有过的欣慰和自豪——我创造了一个连自己当初都无法想象的"奇迹"（关于这 30 多万字总结的体会，请详见后面第二章）！

有一句话说得特别好："放弃只需一秒钟，坚持需要一辈子。"坚持就好比向高耸入云的岩壁上一步一步攀爬，必定非常累，需要付出非常多的时间和努力；而放弃则十分容易，只需一松手而已，但你要付出的代价，不仅仅是白爬了这么高，更有可能摔向谷底。

—— 点评 ——

对青少年学生而言，管理有时是个使人讨厌甚至憎恨的词。因为：父母在管，老师在管，难道还嫌不够吗？但是，真正学会自我管理之后，就会越来越尝到它的甜头。

你以一些亲身体验，说明自己养成这一习惯的过程，以及它所带来的理想效果。相对于一般人而言，你是够"难受"的了，当然也是够值得庆贺的了。因为，人们往往是进入职场，并不得不接受各种要求和挑战后，才去慢慢学习自我管理，而且，往往还只有优秀的人才能真正学好。而一个还处于成长期的学生，就有这方面的意识并进行实践，这不仅能在当代社会提前拥有竞争力，更关键的是：让你能当成长的主人，当生命的主人。

自我管理的核心是自觉。自觉很好，但从来不会自然形成。它是向贪图安逸、松懈的旧我进行斗争的产物。如果能对自己负责，你就会勇于向旧我挑战；如果你不愿意对自己负责，你就会向它妥协。

最有发展的人，无一例外都是最能进行自我挑战的人。

对处于成长阶段的青少年而言，千万不要害怕向自己挑战！

因为：越能挑战陈旧的自我，你就越能活出新我的精彩。

二　自我管理最重要的三句话

既然自我管理这么重要，而我又写了 30 多万字的自我管理日记，尝到了自我管理的甜头，那你肯定会问：

到底该怎么进行自我管理？自我管理会不会非常复杂？

其实，自我管理并不复杂，我认为自我管理最核心的东西，就是我美国的物理老师告诉我们的三句简单的话——

第一，我的目标是什么？

第二，我现在在做什么？

第三，我现在做的事情对我的目标有没有帮助？

我现在仍然能够清晰地记得老师告诉我们这三句话时的情景。

这位美国的物理老师，本来是个特别风趣幽默的人，凡是有他的地方，一定充满欢笑。而那一天，当我们走进教室时，却发现老师阴沉着脸坐在讲台前。在他身后的白板上，写着几行字："这个班上同学的成绩是：一人得 A，一人得 B，一人得 D，其他（20 多个人）都是 F。"

班上的同学陆陆续续来了，看到老师的表情和白板上糟糕的成绩报告，纷纷议论起来。

等到同学们都到齐了，老师示意大家安静下来，然后表情严肃地说："大家都看到班上的成绩了，我对这个成绩并不满意。而全班最高也有拿 A 的，说明拿 A 并不是做不到，那为什么你们差不多全都只拿了 F？我让你们做作业，你们不做，这不是在浪费我的时间，而是在浪费你们自己的时间，如果你觉得这门课对你没有帮助，你大可不必来这个教室，你完全可以去听其他更有意思的课。但如果你选择了在这里学习，就要好好把握时间。"

其实，我就是那个班上唯一拿 A 的学生。知道这一情况后，我心中不免也暗暗高兴和自豪，但我随即就被老师后面的话进一步吸引住了——

"我送给大家三句话，准确地说，是三个问题，我希望你们每五分钟就问自己一遍。"

说完，他在白板上写下了前文提到的那三句话。

我在心里拍案叫绝，这三句话一下子就抓住了自我管理的精髓。而这也让我立即联想到一个对我影响很大的中学同学。

一天放学后，我们男生凑在一起打篮球。正当打得最起劲的时候，有一个叫小林的同学突然说："我要先走了，你们慢慢打。"

因为我们是分的两队打比赛，其中一队少了一个人，那么游戏肯定不好继续进行了。当时我在另一队里，于是就说："正好，我也要走了，你们打吧。"

我之所以离开，一来确实有些累，二来我是想看看小林为什么这么反常，玩得兴起时突然说不打了。

只见他飞快地走向食堂，很快吃完了饭，然后又立即去了寝室，三下两下洗完了澡。他速度那么快，我要赶上他的节奏还真有点吃力。

我原以为他要赶去校门口见什么人，结果没想到他径直走进了空无一人的教室，一个人拿起书，认认真真看了起来。

我不禁对他肃然起敬，就在其他人忙着打球放松的时候，他却能够清醒地认识到自己即将面临高考，更需要的是学习而不是娱乐，这样的人怎么会不优秀呢？果然，在不久后的模拟考试中，他拿了全班第一。

我想，虽然他没有听过美国物理老师说的那三句话，但他一定早就明白了同样的道理。他非常清楚自己的目标是拿个好成绩，所以尽管知道打球固然也有价值，但打久了就会影响学习，于是果断在兴致最高的时候退场，并尽快地吃饭、洗澡，到教室赶紧看书。

我想他一定明白，只有管理好自己，对达成目标有利的事情，就抓住一切机会多做；而对影响目标的事情，就尽量少做甚至不做。这样，才能最终达成自己的目标。

那么，为什么我觉得老师说的这三句话，真的抓住了自我管理的精髓呢？

1. "我的目标是什么？"

这是要我们明白必须要有目标，有个努力的方向。

有句话说得好:"不知道往哪儿去的船,再大的风,对它来说都有可能是逆风。"我想人更是如此,没有目标,便不知道往哪儿努力。

那么对于目标,我们应该有什么样的态度呢?

第一,明确目标。

我曾经有幸听过一堂关于现代管理学之父彼得·德鲁克管理智慧的课程,知道他对管理学的最大贡献是自我管理和目标管理。我也曾在网络视频上偶尔看到一位著名成功学家讲述的观点:成功学的第一法则,就是"把梦想变为目标"。这让我进一步思考:梦想和目标的区别在哪里呢?我曾带着这个问题,去询问作为管理学专家的爸爸。

我爸爸用一句话形象地回答了我:"梦想写在沙滩上,目标刻在岩石上。"我豁然开朗:目标是实实在在存在的东西,是你非完成不可的。只有确定了目标,我们才有方向,才有不断努力去追求目标的动力。

我记得出国后,在网上认识了不少即将和我同时申请美国大学的朋友。我问过几个人同样一个问题,他们要申请哪一所大学?

有一个朋友告诉我:"我的目标是纽约大学。"还有一个朋友告诉我:"我还不知道呢,先看看考试成绩,到时再说吧。"

两人的成绩其实都差不多。接下来,那个说要去纽约大学的朋友,不断收集关于纽约大学的资料,做了很多的准备工作，考试也因为准备充分而考得非常好，最终如愿以偿地收到了纽约大学的录取通知书。

而那个说不知道要去哪里的朋友，最终只被一所很普通的社区大学录取了。

我想，这两个朋友之间的差异是一目了然的。那个明确了去纽约大学目标的朋友，自然知道自己应该付出多大的努力，应该做多少事情去达成自己的目标。

而那个没有给自己设定目标、说"不知道"和"到时再说"的朋友，因为缺乏努力的方向，最终也就只能随波逐流。

第二，把目标放大，并对它注入最大的激情。

美籍华人、有着"神探"和"现场重建之王"等美称的著名刑事鉴识专家李昌钰就是一个非常好的例子。

我在他的自传中看到：他在大学的第一个学期就以全 A 的成绩拿到了 20 个学分，这在一般人看来简直是不可能的事情。

但他仍不满足于现状，第二个学期又给自己加码，申请了更多的学分。就这样，他仅仅用了两年时间，就完成了大学四年的学业，拿到了学士学位。

之后，他给自己制定了更高的目标，他留在了纽约大学的化验室工作，继续争取拿硕士学位。在做研究时，他将目标再一次放大，为了拿博士学位，他开始给自己找一些生化方面的难题来研究。

果然，在获得硕士学位后，他仅仅用了一年时间，就拿到了别人要用更长时间才能拿到的博士学位，许多美国人都对他这个黄皮肤的中国人刮目相看。

在谈到自己如何成功时，李昌钰说：

"有目标是很重要的，但是，除非你对目标付出真正的热情，像对树浇水一样，愿意为实现它而付出努力，否则目标也是难以实现的。"

是的，李昌钰的故事告诉我们，首先要学会放大自己的目标，但仅仅有目标还不够，还要有行动，用最大的激情去追求，才能最终把目标变成现实。

2. "我现在在做什么？"

这是要我们时时刻刻检查自己当下的行为，因为我们的每一个举动，都会直接影响我们的成绩和其他方面。

在教室里，我们总能发现一个普遍的现象：同在一个教室学习，那些能够坐得住、认真听的学生，到了期末考试成绩大多会排在班上的前列，而那些浮躁、爱打盹、爱玩手机、常走神的学生，通常都会垫底。

拿到成绩单时，总能看到那些平常上课不认真的学生暗自懊悔。既然这样，为什么不能在平时上课想开小差时，问问自己在干什么，并且及时纠正过来呢？

我有个学妹，进入高中后，她的人际交往变得复杂起来，她开始沉溺于一些所谓的个人"恩怨情仇"。上课时，她老想着哪个女生说了她坏话、自己看哪个同学不顺眼、自己跟哪个朋友的关系又紧张起来了一类的问题。后来她甚至带了部手机，上课时就在微博、QQ上发一些发泄个人情绪的话，和别人聊些没有意义的事。

可想而知，原本学习不错的她成绩自然是一落千丈。

我想，她正是因为不懂得及时检查自己当时在做什么，才在课堂上一而再，再而三地做别的事情。如果她能够随时问问自己："我现在在做什么？"并且提醒自己不要开小差，那她的情况也不会像现在这样。

3. "我现在做的事情对我的目标有没有帮助？"

这是要我们清楚地认识到，什么样的事情是我们达成目标的助力，什么样的事情是妨碍我们走向目标的阻力。

对实现目标有助力的，我们一律用加法；对阻碍目标实现的，我们一律用减法。

先看加法。

还是我前面说的那个中学同学小林。

我这个同学有个特点，不管走到哪儿，手里肯定都会拿着一本书。一次，我们要外出参加一个活动，没有办法将书带在身上。我心里想：这下他肯定不会再拿着书看了吧？

果然那天他没有带书去，但我还是发现了一个奇怪的现象——他时不时举着自己的棉袄袖子看啊看的，当时以为他是袖子染上了什么怪味之类的。不料，当我后来走近他仔细观察时，发现他的袖子上密密麻麻用铅笔写了很多英文单词！

我在震惊的同时不由得更加敬佩：他真是不愿意放过一丁点学习的时间啊！鲁迅说过："时间就像海绵里的水，只要愿意挤，总还是有的。"我想，我那个同学就非常好地实践了这句话，他是我进行自我管理的好榜样。

他的做法，就是加法，即不放过任何机会，尽可能增加学习的时间。

再看减法。

在美国交流的时候，有一天，老师给我们留的作业非常多。所以一回家我便开始埋头苦干。到了晚上七八点钟的时候，我听到寄宿家庭的三个小弟弟欢呼着向我的房间跑来，他们兴奋地告诉我，电视里开始放《星球大战》系列电影的最后一部了，让我一起去客厅看。我当时心里一喜，因为那是我一直都非常想看却没有机会看的电影。我刚想站起来跟他们去客厅，但看着桌上堆着的厚厚一摞书本，我还是咬牙抵挡住了诱惑，谢绝了他们的邀请。

因为我知道，自己的目标是拿好成绩。看电影固然有意思，但却会影响我完成作业，进而会影响我的成绩，所以我选择了放弃看电影，继续做功课。

一加一减，看似简单，却包含了深刻的自我管理的道理。懂得管理自己、懂得运用加减法取舍的人，或许一开始和那些不懂得自我管理的人差不多，但是时间一长，他们绝对会收获更多的东西。

我特别难忘一个老师讲的话："要经常跟自己抢时间""每一份成绩，都从自己抢的每一分钟来"。只有管理好自己，时时刻刻提醒自己在正确的时间做正确的事，才能在有限的时间内，取得更高的成就。

或许你会认为，自我管理听起来有这么多内容，肯定需要很高的智慧，这固然没错。但我觉得，自我管理更加需要的，恰恰是自觉的精神和意志力。

—— 点评 ——

不由自主想到这样一个故事：

白隐禅师是一位著名高僧。有一次，一位武士专程来拜访他，并向他虔诚请教："佛教里讲有天堂和地狱世界，真的有天堂地狱吗？如果要去天堂不去地狱，那么该怎么办呢？"照理，对这样一位虔诚请教的人，高僧应该好好开示才对。但没有想到，白隐不仅没有好好回答，反倒以不好听的话刺激他。

武士火冒三丈，不由自主把剑抽了出来。这时白隐微微一笑说："你看清楚了吧，地狱之门由此打开。"

武士反应过来了，立即将剑又放回了剑鞘，并为刚才的失礼向白隐道歉，白隐笑着说："天堂之门由此打开。"

一念是地狱，一念又是天堂。这说来有点极端，但很有针对性。因为在现实中不难看到类似的现象，在课堂中也不难看到类似的情况。

走神的现象，实在太普遍。有的是课堂上的走神，有的是一段时期心灵不在应在的地方。

这个老师提出的方法，的确很简单也很管用。其实他用的是现代控制论的理论——干任何事情都得有一定的目标和标准。如果对目标和标准有用，就得坚持和强化；一旦偏离目标和标准，就得及时"纠偏"。这样，才能达到最理想的效果。

天堂地狱一念间。管好心灵才能管好一切，管好心灵从管好此时此刻的念头开始。

第二章

30 万字自我管理日记的收获

本章概述

自我管理要落到实处，就得有一些格外有效的方法。作为管理学专家和方法学家的爸爸，以联合国教科文组织 21 世纪教育委员会"未来教育四大支柱"的要求，并借鉴海尔员工自我管理的一些技巧，要我每天写一篇自我管理的日记。

这就意味着天天得自我管理，天天得向"领导"汇报啊。开始我也有些抵触并觉得难，但真的坚持下来，一年多时间竟写了 30 多万字。我越来越觉得好处太多了，并真正明白一个道理：

自我管理不是一步登天，而是通过日常生活中点点滴滴的行为，养成良好的习惯。

没有点点滴滴，哪来轰轰烈烈！

一、日日总结，让成长和幸福加倍
二、处处主动，在人群中显示影响力与领导力
三、事事用心，做解决问题的高手
四、自我管理日记精选

一　日日总结，让成长和幸福加倍

在我 17 岁生日那天，爸爸说要送我一个特别的生日礼物。我以为是手机、唱片或鞋子什么的，不料爸爸却说："送金山送银山，不如送个好习惯。"原来他是要将有关成人管理的手段，用到可怜的我的身上了。

老爸的做法很简单，就是要我每天写计划和总结。不过他说得很好听，什么"最好的管理就是自我管理"（还说这是现代管理学之父彼得·德鲁克的名言），他还引用某位名人的话"这世界上只有两种人：做计划的人和不做计划的人，结果往往是 97% 不做计划的人在为 3% 的做计划的人打工"等等。

为了进一步激发我的追求动力，老爸还强调说这是在落实联合国教科文组织 21 世纪教育委员会"21 世纪教育的四大支柱"的精神，要我在计划和总结中，充分体现"学会生存、学会学习、学会做事、学会共同生活"。至于这每天的总结和计划该如何写，不用说，老爸早就想好了，他借鉴了海尔员工自我管理有关技巧，同时针对我这个年龄段的特征，要求我每天记录以下几个方面内容。

（一）关键词：将当天的主要内容，以最精练的语言概括出来。

（二）昨日计划执行情况：第一天当然不会有了，但从第二天开始，就得对头一天的计划情况进行仔细的回顾，免得计划落空。

（三）今日最大收获：今天取得的主要成绩，或在某方面得到的正面启示。

（四）今日反思：今日犯的错误或看到别人身上发生、自己应借鉴的教训。

（五）明日计划：对明天要做的事情，提前做好安排。

对此，老爸美其名曰"自我管理的最有效工具之一"。

说实话，这种做法，我以前没有遇到过。我想，恐怕大多数学生都没有经历过。虽然对于每天要额外做这样的事情，我心中多少有些不爽，但为了迎接自己的"成年礼"，同时想到这些年来，爸爸作为一个管理学家，在我身上应用他的管理理念和技巧，让我的确受益良多。所以，我也就答应了。

现在回过头看看，虽然在写的过程中我也曾觉得痛苦，甚至想要放弃，但坚持下来，看看自己的成长和收获，还是觉得非常甜蜜。

听到过一种说法，中国人的"总结"二字，其实是有其历史来源：在语言和文字发明前，原始人有一种独特的记事方式——结绳记事。每当有重要的事发生，或者自己学到了新事物，人们就会在绳子上系上一个结，当日后再看到这个结的时候，他们就会回忆起当时发生了什么事。

这个方法看似笨拙，但仔细想想，又何尝不是一个好的习惯呢？原始人都知道发生了事情要及时记录和总结，而在科技日益发达的现在，记录已经成为了一件非常容易的事情，可有不少人已经把这个好习惯遗忘了。

我很庆幸自己是个每天写总结的人，这些总结的的确确让我受益匪浅。

那么日日总结，究竟有什么益处呢？

1.失败乃成功之母，总结乃成功之父

我曾见过这样的场景：我的一个同学连续几次考试失利，拿着挂科的试卷，他忍不住抱怨说："都说失败乃成功之母，可是我有这么多个'母亲'了，为什么还不成功？果然只有母亲是生不出孩子的。"

其实他说得非常对，光有母亲是生不出孩子的。于是我想起爸爸讲课时讲述的一个观点："失败乃成功之母，总结乃成功之父。"

每个人在生活中都有可能失败，光有失败当然造就不了一个成功的人，如果想要成功，就必须先学会反思自己为什么会失败，并且从中总结出经验教训，下次加以改进。

对这一点，我有着非常深刻的体会。

我的物理成绩向来很好，动手能力也不错，因此在美国高中的物理课上，我总能顺利完成各种实验课题。

一次，我们要制作一个鸡蛋运输装置。我对此非常有信心，老师一布置完任务，我便马上拿出纸笔和两名队友开始设

计方案。

我觉得自己的设计很不错，队友们也配合得非常好，很快我们就作出了设计蓝图。

然后我们去买了材料，并且在一个同学家里开始组装建造。因为之前设计得很到位，我们很快就建造完了，效果也很不错。

看着我们的杰作，我情不自禁地说了句："太完美了，我们要是拿不到满分，那真是个大笑话！"

我天天盼着打分那天。我甚至还想象了老师看到我们的成果时惊讶的表情，以及我们成绩单上大大的100分。

然而，到了检验结果的那天，一件我万万没想到的事情发生了。

我那个同学，稀里糊涂居然忘记了评分的日子，竟然把所有建好的东西都丢在了家里。这意味着我们没东西上交给老师，换句话说，我们要拿零分啦！

我简直万分沮丧，努力设计出来的东西，就这么付之东流了。不用说，我们组内所有同学都拿了零分！

我的物理成绩一直是班上最好的，我甚至连A以下的成绩都没拿过，这对我来说是何等的耻辱啊，我当时恨不得找借口说肚子痛，跑到医务室去躲一节课。

我在总结中认真记录了这次失败，并进行了反思——

很多工作都需要团队合作，我不能认为只做好自己分内的事就行了，同时，如果自己有能力，也应该多关注关注他人的工作情况。比如这次，如果我前一天晚上能打个电话提醒同学一下，那这样的失误就完全可以避免。

不久，我们又要做一个课题。这次我吸取了上次的教训，不仅认真完成自己那部分，还时常打电话问问我的队友们工作进展得怎么样，并且善意地提醒他们一些需要注意的地方，以免出现什么差错。

果然，我的提醒起了很大的作用。这一次我们小组每个人工作都很到位，最后如愿以偿拿到了满分。为此，有两个组员还特意跑来感谢我，说多亏了我提醒，不然有些重要的细节他们还真没想到。

看，如果我不是在第一次失败后及时总结，进行反思，第二次也有可能因为同样的错误导致再一次失败。

2. 在成功的"肩膀"上加倍成功

试想一下，如果你是一个推销员，一直在尝试各种不同的推销方法推销公司产品，但一直没推销出去。突然有一天，你用了一种新方法，结果成功地将产品卖了出去。相信你以后也会继续用这种方法，因为它可以帮你获得成功。

做任何事情都一样，在成功过后，总结心得和方法，以后在处理类似问题的时候，因为有了经验，就更加容易成功。

有一天晚上，上网聊天时，为我们交流生服务的国内交流机构的一位李老师在网上找我，问我要一些照片来做一本交流生杂志。

我把照片发给老师之后，老师很关心地问起我这段时间的情况，得知我各方面的问题处理得都挺不错，老师不断地表扬我。

正当我感受到被关心的温暖的时候，我突然转念一想，老师这么关心我，我是不是也该反过来关心关心老师呢？

得知老师最近在处理一批新的交流生，工作特忙时，我真诚地请老师注意保重身体，并由衷地说："老师真是不容易，感谢老师为我那么不辞辛苦地整理材料，帮助我完成出国留学的梦想。"

老师听了，既感动又开心，直夸我懂事。

在那天的总结中，我这样写道：

"每一个人都不会拒绝你的关心和夸奖，而这两样东西最容易拉近你和别人之间的距离！"

恰好第二天晚上，我在美国交流的地区代表（每一个接待交流生的城市都有这样一个负责人，主要负责了解交流生的生活、学习等情况，安排一些活动，处理交流生出现的各种问题等等）给我打来电话。一听到她的声音，我就不由自主地开始紧张起来。

我为什么对地区代表来电如此紧张？那是因为，不知道她是因为对中国的交流生有偏见还是什么原因，之前她对我非常苛刻。比如她曾经以"交流生就应该尽量融入美国的环境，不应该和家人及国内的同学有过多的联系"为由，提出要没收我的电脑等。其实我上网主要是为了查学习资料，和家人及同学交流并不多。幸亏寄宿家庭的妈妈出面交涉，我的电脑才得以保存。事后我也问过其他国家的交流生，但他们却并没有受到这样的待遇。

所以每次她给我打电话，我都如临大敌，生怕出什么错，巴不得快点说完才好。

那次也不例外。她照例问了我一些日常情况，然后问我还有没有别的事情。一般她说了这句话，就是在告诉我，她没有事情要交代了，我可以挂电话了，这是我每次最盼望的时刻。

我暗自松了口气，准备挂上电话。但这时我脑海中突然出现了前一天和那位老师交流的一幕，于是我想：能不能采取主动关心的方式，借这个机会改善一下我和地区代表之间的关系呢？

于是我鼓起勇气，问地区代表："您最近忙不忙啊？"地区代表听了，淡淡地回答了一声："挺忙的。"那一刻，我真想立即放下电话，但我最终抑制住了这种冲动，接着很诚恳地说了一句："您真是太辛苦了！要为我们这么多来自全世界的交流生操心，真不容易，谢谢您！"电话那头停顿了3秒钟，然后，我听到电话那头传来一句既温柔又带点感动的"谢谢"。

那一刹那，我真有点怀疑自己是不是听错了，这样的声音，真的是来自我以前认识的那个地区代表吗？

但事情就是那么神奇，从那天起，地区代表对我友好多了，而我和她之间，也再没有发生什么矛盾。

事后我想了想，地区代表之所以对我的态度有这么大的转变，或许是因为没有多少交流生对她真诚地表示感谢。其实地区代表压力也挺大的，不仅要了解交流生的学习、生活，保证他们的安全，还要处理交流生的各种麻烦事。比如我听说之前有的交流生因为和寄宿家庭处不好关系，短短10个月就换了好几个寄宿家庭。而这些麻烦事，都要地区代表去处理，他们真的很不容易。

真是多亏了前一天晚上的总结，我才能把和地区代表之间看似不可能改善的关系给缓和了。

3.吃别人的"堑"，长自己的"智"

有一次和爸爸妈妈去苏州旅游，在一堵墙上看到一句格言："吃别人一堑，长自己一智。"这使我感悟到：聪明的人会从自己的错误中总结教训，而智慧的人更了不起，他们同时还会从别人的错误中总结教训，这就是"吃别人的'堑'，长自己的'智'"。

在总结中，我也会经常记录一些周围人犯的错误，以此来警示自己。

我印象最深的是这样一件事——

每隔一段时间，地区代表就会组织她管理的交流生们开一次会，大家一起交流心得体会。

有一次会上，地区代表告诉我们，有一个德国的交流生已经被送回国了。我们都很惊讶，因为大家都知道那个德国女生可是期待了很久，才来到美国的。

地区代表告诉我们，那个女生去参加了一个同学的派对，而派对上有酒精饮料。按照规定，交流生是不允许出席供应酒精饮料的派对的，就算没喝酒也不行。如果违反了这条规定，那么在两天内就会被遣送回国。

我听了心里一惊，以前我一直以为只要不喝就没有关系，现在才知道，原来连出席供应含有酒精饮料的派对都是不可以的。于是我把它记录到了我的总结里。

一个多月后，有个同学邀请我去参加一个派对，我刚开始没想那么多，就一口答应下来了。但随后我就想起那个德国女生的事，于是立即问同学派对上有没有含酒精的饮料。他告诉我说有，但是给大人们喝的，我可以不喝。我赶紧回绝了他："对不起，我们交流机构有规定，凡是有酒精饮料的派对我都不能参加，下次有机会再一起玩吧。"

我想，如果不是我那天记下了那个德国女生的事，估计我会把这条规定忘得一干二净。如果我真的跟同学去那个派对了，那肯定早就被遣返回国了。

看来从别人的错误中吸取教训，真是能让自己避免许多错误啊！

4.积累幸福的阳光

我相信，在每一天的生活当中，一定都会或多或少发生一些有意思的事情，比如你看到了很美的景色，或是身边有人说了个很好玩的笑话，又或是你看到了一句很有哲理的名言。如果你没能把它们及时记录下来，它们发生之后，或许就从此在你的世界里不见了。

而我的习惯是，每天看到的好东西，都会像给自己的世界积累阳光一样记录下来。比如有一次我在天空中看到了两条平行的彩虹，觉得非常美；再比如有一次我修屋顶时看到一只小松鼠，并和它对望了好一阵子……

除此之外，还有成长过程中那些朋友和老师，以及亲人给予的关心和温暖，一一都被我记录在了总结里。

每当我翻阅总结，看到这些，都会觉得无比幸福。

其实，写总结的好处远远不止这些。举例说吧，假如你要当一个好的领导，学会总结就是你最重要的能力之一。我们可能不止一次听到有人评价："某某领导的总结能力很强，水平很高。"其实他们往往把总结能力和领导能力紧密相连。而要成为更出色的领导，就意味着总结能力应该更强。

著名企业家、联想集团董事局前主席柳传志曾多次强调：领军人物是企业的核心，其关键的能力就是要善于学习和善于总结。在谈到如何总结时，他指出："一件事情成功或者失败之后，一定要把周围的间接条件分析清楚，要把它总结明白，其实总结明白以后，那就能举一反三了。这就是所谓的悟性。"

虽然他说的是企业的事情，但我觉得对我们也有很好的借鉴作用。

— 点评 —

讲起狗熊掰苞谷的故事，人们往往会忍俊不禁，因为狗熊抓了后面的苞谷就丢掉了前面的，结果忙了半天，手中可能还是为数极少的几个。其实不要急着笑狗熊，我们在学习和工作时，也容易犯同样的错误——只注意做，却不注意总结。因此，才会有"失败还是成不了成功之母"的慨叹。

其实很简单，人要成长得更快，就必须学会固化和优化：固化是将取得的经验固定下来，优化是改掉自己的缺点。这都离不开总结。越会总结，越能吸取经验教训，越能指导以后的学习和工作。所以，"总结乃成功之父"。

写计划和总结，其实是借用海尔集团员工自我管理有关技巧，为你这个中学生采取的一种方法。方法固然重要，但关键的是实践，最重要的是坚持。你能坚持写下这么多的日记，的确是一个小小的奇迹。这充分说明一个成功学的著名观点——

日日小练，胜过一曝十寒。

二 处处主动，在人群中显示影响力与领导力

我非常喜爱打篮球，我崇拜的篮球运动员是"飞人"乔丹，所以特别留意他说过的一些话。他有句名言对我影响很大："主动不主动，相差一百倍。"

的确，不仅仅在篮球场上是这样，生活中更是如此。这句话被我记到了总结当中，我经常拿自己偶像的这句话来警示自己，要做一个处处主动的人。

那么，处处主动，能给我们带来什么呢？

1.主动，第一时间赢得他人认可

不管是现在上学，还是将来工作和生活，我们都要不断接触新的环境、新的人。要想第一时间适应和获得认可，最重要的莫过于主动付出、主动见事做事。

刚到美国进行交流的时候，我要面对的不仅仅是完全陌生的学校，还有同样完全陌生的寄宿家庭。尽管寄宿家庭的爸爸妈妈在我还没去之前，就给我写了一封很热情的邮件，但毕竟要融入一个文化背景完全不同的家庭，还是有一些紧张的。

但是，由于我懂得主动付出，很快赢得了寄宿家庭的认可。

有一次，家里的小弟弟做数学作业遇到了难题，平时遇到这样的事情，他都会去找爸爸辅导。偏偏那天晚上寄宿家庭的爸爸公司要开会，因此不在家，于是小弟弟开始大哭大闹

起来。

寄宿家庭的妈妈数学不好，所以她只能安慰小弟弟，让他等爸爸回来，但小弟弟怎么都不肯听，反而哭得更凶了。

我在楼下听到了小弟弟的哭声，于是放下了手头堆积如山的功课，立即上楼去告诉小弟弟不要着急，我可以教他做。

一开始小弟弟不相信我可以教他，这也难怪，他哪里知道我数学有多厉害！于是我先耐心地教了他一题，他看到问题迎刃而解，马上就不哭了，开始认认真真听我辅导。

当我帮助他理解并解出了所有难题后，小弟弟破涕为笑，大喊我的英文名字说："Will，你真是数学天才！"寄宿家庭的妈妈也很高兴地感谢了我。

其实当时我完全可以忽略小弟弟的哭闹，专心做自己那本来就缺时间做的功课。没有人会说什么。但是既然我来到一个陌生的家庭，就应该主动融入这个家庭，做小主人翁，主动见事做事。主动一点，我无非是晚一点儿睡觉，并没有太大的损失，但却让我在新环境中很快赢得了大家的喜爱，这样的付出，很有价值。

还有一次，广播里说风暴即将来临。当时风呼呼地刮着，室外的温度急剧下降，可寄宿家庭的房子偏偏在这个时候，墙上破了个洞。虽然十分不想在冷风里干活，但为了防止风暴来临后对房子造成更大损害，寄宿家庭的爸爸还是不得不冒着寒风，赶紧去屋子外头补洞。

我当时虽然完全没有干过这个，也不知道应该怎么干，但我还是主动向寄宿家庭的爸爸提出要去帮忙。寄宿家庭爸爸听了先是一愣，接着便很开心，一是有人替他打下手递递工具什么的，能省去他在梯子上爬上爬下的时间；二是有人在冷风里跟他说说话，他也不会觉得那么孤单乏味。

寄宿家庭的爸爸因为有我的帮忙，不一会儿就补好了洞，我们刚刚收工进屋，外面就下起了瓢泼大雨。寄宿家庭的爸爸一边露出开心的笑容，一边还给了我一个有力的拥抱。

我一直记得初中班主任周亚薇老师说过的那句话："让别人因为我们的存在而感到幸福。"正因为我主动帮忙，寄宿家庭的爸爸很快补好了洞，躲过了大雨，我想他一定也感觉到了幸福，所以才会给我那个拥抱。

正是通过主动做类似上述这些并非轰轰烈烈的事情，我不仅很快融入了美国的家庭，而且也很快融入了新的学校，受到他们的接纳与肯定。

2. "你不主动表现，就没人挖掘你。"

这个世界上，有许许多多有能力的人，但也有很多有能力的人被埋没了。这固然有客观因素的影响，但我觉得还有一个重要原因——他们不懂得主动展示自己。

我有这样的体会，是因为一堂历史课上，老师给了我一记"当头棒喝"——

一天，历史老师需要一个同学帮他抄一段文章来做海报，于是便让自己觉得字写得不错的同学毛遂自荐。

听到这话，我首先不由得心中一喜。别的自己不敢说，唯独在写字方面，我练的是"童子功"——还是在幼儿园时期，我那在小学当老师的外婆，就一笔一笔教我练字，所以从小学到中学，我就是在班上写字最工整也最漂亮的人之一。在写英文时，我同样把写中文字的一些方法用了过来。所以，我的英文照样写得不错。

但是，我转念一想，我毕竟写英文的时间不长，那些美国同学可能写得更好呢！如果自荐只怕有些不自量力。

于是我静静坐着，没有举手。没想到，全班同学也都静静坐着，没一个人举手。

老师见状，只好让大家打开笔记本，他一个一个看笔迹来挑人。老师看了一圈，似乎没有特别满意的。但是当老师查看到我的桌子旁边时，"啪"地一声用力把我的笔记本合上："就是你了！字写得很好看，竟然还不敢举手！"

我还没有完全反应过来，老师竟然还将手热情地向我伸了过来，说：

"欢迎来到美国——一个你不主动表现，就没人挖掘你的地方。"

听了这句话，我感觉到心中一震。要知道，和大多数中国学生一样，我之前就是个不太懂得主动展示自己的人，老师的这句话，就像棒子一样把我打醒了。一点不夸张地说，这可以说是我平生受到的最难忘的教诲之一。

第一，重新认识"是金子总会发光"。

这是一句著名的励志格言，我以前也常常以它来激励自己。但是，这件事，尤其是老师的话，让我明白对这句格言，是应该一分为二去理解的：人，固然要让自己成为金子，对自己的能力和水平充满自信；但是，在当代社会，如果你不懂得展示自己，你就有可能被埋没，或者等你发光时为时已晚，或者导致本属于你的机会，却被更会发光的人抢走了。既然这样，我们为什么要那样被动和畏缩呢？

于是，我们一定要懂得：

"我们不仅要当金子，而且要主动当那双使金子放光的手！"

第二，不要眼里只有别人的长处，却忽略了自己的长处。

成功离不开自信，但人们常常不自信，其中一个很重要的原因，就是常常只看到他人的长处，却对自己拥有的长处不重视。就像我只看到美国同学从小写英文，就想当然认为他们比我强一样。要改变这一点，就必须将关注的中心，从总是看他人的长处转到关注甚至强调自己的长处上来。这样，你就不容易妄自菲薄，得到该有的自信。

第三，向"从众心理"挑战。

据心理学家解释：从众心理就是别人怎么样，大部分人怎么样，你就跟着怎么样。在这件事上，我看见大家都没有举手，就自然不举手了。这就是从众心理在作怪。

其实，很多时候，我们不必在意别人做没做，而是只要考虑自己该不该做就可以了。该做就做，不该做就不做，这样，既心态轻松又实际有效。

3. 主动，赢得想象不到的机会

我曾在一本杂志上看过这样一段话——

总能听到有些久久未能成功的人说："我差一点点就可以成功了，我等的就是一个机会。"

而同时，也有许多成功的人在给大家传授经验："我之所以能成功，是因为我主动尝试，不放过每一个机会。"

很明显，成功的人和不成功的人，在态度上有明显的差别。那些成功的人之所以懂得主动寻找机会，是因为他们明白一个最简单的道理——

机会往往不会自己找上门来。要获得机会，你得学会主动"敲门"。

一天早上，我偶然得知：在美国的中学，有的学生是可以成为老师的助教的。这比在国内学习时的课代表工作更多一些，在老师上课的时候，必须协助老师做一些具体的事情。

我觉得这样的工作，对增长我的知识和能力都很有帮助，于是我赶紧问指导我们交流生学习与生活的导师，要怎样才能成为一名助教。

导师说，不同的老师对助教的要求不同，一般说来，需要成绩优异。如果我想当助教，就去找任课老师申请，如果老师同意，就让老师写个纸条带给导师，然后我就可以当助教了。

从上中学起，我的物理就基本上保持在第一、第二名，我自然首先想到的是去当物理助教，于是便兴冲冲地去找物理老师。然而不凑巧，物理老师那里另有安排。那当英语助教也不错啊，起码我还可以多强化一下口语。于是我又去找英语老师，可惜还是不巧，英语老师也已经找到助教了。

正当我在犹豫下一个该去找谁时，恰好看到历史老师从前面经过。

我迟疑了3秒钟。知道我为什么迟疑吗？实话实说吧，因为美国历史是我所有功课中最差的一门。以我的成绩，要当他的助教，不是癞蛤蟆想吃天鹅肉吗？

但我转念一想，为什么不试试呢？一来我正好可以借这个机会给自己增加压力、逼迫自己提高这门课的成绩。二来上次不正是他告诉我，要学会主动表现自己吗？

我耳边响起了一个声音："机会不会自己送上门！"于是，我的迟疑仅仅持续了3秒钟而已。接着，我就高声喊住了老师并拦在了他面前。

我飞快地把意图告诉了历史老师，并明确表示：虽然我目前的历史成绩并不理想，但我会尽最大的努力，将这门成绩以最快的速度提上去。

老师怔了怔，然后摸了摸头说：

"其实我是从来不敢收成绩 B 以下的学生当助教的，但我能看到你一直在努力追赶，而且，你敢于这样大胆地提出要求，值得肯定，我愿意破例让你当我的助教试一试，好好加油！"

没想到历史老师竟然真答应了。那一瞬间，我真有点晕眩的感觉！

我如果没有主动出击，那么肯定当不上历史老师的助教。

所以我相信，只要愿意主动去找，每个人都有可能获得看似不可能的机会。

通过这件事，我悟出如下两点。

第一，勇于尝试，一切都有可能。

我们最容易犯的错误之一，就是没有开始尝试之前，就想到这样那样的难处，最后说一声"不可能"之后就了事。其实，如果你勇于去尝试，你会发现，你所考虑的难处其实根本就不难，或者你所顾虑的那些事情，根本就不是决定成功或不成功的因素。

第二，不要怕丢脸。

青少年学生特别爱面子，尤其是我们中国的学生，可能由于传统文化的影响，特别怕丢面子。于是，为了保全面子不受伤害，总是不敢去表态、去争取。这样的结局，往往是机会唾手可得，而我们却失之交臂。

那么，我怎么就能突破呢？其实说破了就是一个简单的心理突破——

开口没什么了不起，大不了和没有开口前一样——原来你没有拥有，如果开口还是没有拥有，那大不了就是和原来一样。我并没有失去什么啊。

而且，每开口一次，我就锻炼了一次自己的胆子。多锻炼几次，我就更能在将来的社会上立足和竞争。

其实，去掉那份对可怜的虚荣的面子的维护，我没有亏还有赚。如果说这也算"丢脸"，那何乐而不为呢？

4.主动，提前拥有最强的职场竞争力

职场素养，这看起来是个离我们学生非常遥远的词。但我觉得，虽然我们离进入职场还要一段时间，但相关的素养却可以从现在就开始培养。提前培养，就等于提前拥有了职场的竞争力。

而主动，就是人人都可以培养，也是最好的职场素养之一。

继续讲讲我当历史老师助教的事。

一次上课前，老师让我帮忙复印上课要用的资料。班上本来有42个人，但那天有4个同学缺席，由于这些资料只用于这一堂课做游戏，所以老师告诉我，只需要复印38张就可以了。

到了文印室,我先在复印机上按下了老师交代的复印数,然后准备按"开始"键。就在这时,我突然想,万一一会儿那几个缺席的同学来了呢?或者在分发的时候不小心弄破了几张该怎么办?

于是我临时决定把"38"份改成"42"份,心想:万一这几份印多了,我到时就自己补交这几张复印资料的钱。然后拿着复印好的资料回到了教室。

刚进门,就看见老师一脸歉意地向我走来:"不好意思,那几个缺席的同学刚刚又来了,能不能麻烦你再去复印几张?"

我心里忍不住有点小得意,我告诉老师不用担心,因为我也想到了可能会出现这种情况,所以多复印了几份,完全够用了。

老师接过资料,拍了拍我的肩膀说:"你是我'雇用'过的最专业的助教。"

在我结束交流、即将回国时,我的历史老师还特意给我发了封电子邮件,在信中,他说:"你是我见过最专业的助教,你主动的作风让我非常难忘。正是因为你主动做事,给身为'老板'的我减轻了不少负担。谢谢!我相信你这样的品质,在将来参加工作后会非常受欢迎,好好加油!"

看了老师的邮件,我非常感动,我不过是主动多付出了一点点,老师却给了我这么高的评价和肯定。

不久后,我看了一篇著名经济学家郎咸平写的文章,更加意识到了提前培养主动性是多么重要。

他在文章里写到，有段时间，他找了大学的几个硕士生帮忙做一个程序。

而这几个人的工作状态让他很头疼，因为必须守着才肯干活。有一次，在交给他们处理的文件里，有一个明显的错别字，但他们竟然也不给改，给他们指出来他们还较真，说这不是他们的错，交给他们时就是错的。于是他心平气和地跟他们讲道理，但他们不仅不反思，还振振有词地说："我们就没什么错，你怎么安排我们怎么做，你不安排我们就不做。这是我们的尊严和原则。"

你说好笑不好笑，堂堂一个硕士生，就因为改个错别字，居然把它上升到了尊严和原则的高度！

将我的体验与郎咸平写的故事作对比，我得出这样一些感悟——

第一，不要认为职场竞争力是很遥远的事情，或者认为只有到了社会上才能进行锻炼。

就刚才讲的这几位研究生而言，连这点举手之劳的小事都不愿主动做，学历再高，只怕也没人愿意用。尽管我当时还只是个中学生，但我以后按这种主动方式发展下去，真的进入职场，如果和这样的人一起竞争，我相信我的竞争力一定比他们强。

第二，所谓职业素养，是按职业和岗位的要求来要求自己，而不是让他人来迁就你。

　　成长，就是尽快完成从要求别人适应你，到你主动去适应别人、环境的过程。这个转换完成得越早，就会少走很多弯路，也少碰很多壁。

　　第三，优秀的人，是不需要别人推动，而主动负责、主动找事情做的人，他们总是职场中最受欢迎的人。

　　相反，如果别人不推你就不做，而且推动你，你还做不好，那么你就很可能难以发展甚至容易被淘汰。

　　这点，我们从学生时代就要重视，并在力所能及的范围内，尽可能主动做些事情，这样在未来才更有竞争力。

5.主动引导和帮助人：走向领导岗位的"敲门砖"

　　我听过一个很有意思的观点：

　　"一个好的领导者，是懂得主动去引导和帮助他人的。因为只有主动去引导和帮助他人，他才能够影响整个团队，才能够带动整个团队。"

　　我觉得说得很有道理，比如在交流的时候，我经常在学习中，尤其是在擅长的物理上，会主动去帮助那些遇到问题的同学。不知不觉中，每每碰到要做实验的时候，总有不少同学第一个就会想到和我一起搭档。

　　不仅是同学，我的物理老师也给了我很大的肯定。

　　在申请大学时，我请物理老师写了一封推荐信。当看到信时，我有些惊讶，因为老师对我的评价实在是有点太高了：

"吴牧天是这间教室里的领导者；在我教他的这一年里，我有很多次见到他很欣然地主动担当领导者这个角色。他领悟力非常好，并且能够很快地掌握很难的概念，而他的领导能力也让他能够将他所领悟到的东西很快地传达给其他的学生。

"在小组合作做课题时，同学们喜欢与他同组，不仅仅因为他懂得很多的物理概念，更因为他经常能有创造性的点子。而他的个人能力也让他能够将很多散乱的知识点集中到一个大点子上，最后创造出杰出的作品。他有着无与伦比（我觉得这个评价实在是有点太高了）的工作道德规范，并且在为他人讲解概念时总是举很多例子，这也让很多跟随他的学生能够很快跟上他的讲解，从而创作出很不错的作品。吴牧天带领同伴一起完成的一些作品，算是我曾见过的最棒的作品。"

尽管老师给了我这么高的评价，但我也知道有些是溢美之词。不过，老师的赞赏，还是让我再一次感受到了主动是多么重要。

在现实中，我们又该怎么去主动帮助和引导别人呢？

第一，有带头去做的意识。

领导领导，不管是"领"还是"导"，都是带头的意思，也就是说，要想成为一个领导，就得有带头做的意识。

记得有一个早上，我刚起床，就看到寄宿家庭的两个弟弟在哭闹。一问原因，是因为昨晚下大雨，院子脏了，寄宿家庭的爸爸希望两个小家伙去收拾一下。而他俩嫌麻烦、嫌脏，死活都不肯去。

我听了，于是故意大声对两个小弟弟说："收拾院子说不定是件很有意思的事情呢。"并表示愿意帮忙清理院子。

寄宿家庭的爸爸很开心，早餐还额外给我多加了两个鸡蛋。

开始清理院子了，我一边将手机音乐的音量放到最大，一边跳着舞清理落叶，一副很开心的样子。两个小弟弟一开始是趴在玻璃门上看，慢慢开始心动了，最后干脆穿好鞋子、戴好手套跑出来，跟我一起，一边跳舞一边干活。

寄宿家庭爸爸见状，跑出来半开玩笑地说了句："你们两个小家伙怎么又改变主意啦？看来我真得感谢你们这位'领导'啊！"

那可是我第一次被人叫作"领导"，当时别提多开心了。不过想想，我主动带头去做，是不是恰恰体现出了一位领导的素养呢？

第二，有主动帮助人的能力与习惯。

要想做一名领导者，仅仅自己主动带头还不够，还要学会去帮助他人。

我原来的计划是，在美国交流一年，之后回到国内再强化学习一年国学，再去考美国的重点大学。但后来由于多种原因改变想法，决定还是在美国读完高三后直接考美国的大学。

却没有想到，美国的高考制度与中国不一样，往往是提前申请。当我想正式申请美国大学时，才发现因为申请大学的最佳时间已经过了，很多著名大学都已经停止接受申请了。

怎么办？看来我还是只好回国后一年再去申请大学了。

这时，我的一个同样在美国交流的同学告诉我，普渡大学是所挺不错的工科大学，是世界航空航天方面最有名的学校之一，人类第一个登月的英雄阿姆斯特朗、中国"两弹"元勋邓稼先都是毕业于这所大学。而这所大学的申请截止日期还没到，她建议我去试试。

我听后十分振奋。因为我的志向就是成为优秀的科学家或工程师，这所大学的情况十分符合我的需求。但是，该如何去申请呢？据同学说，大多数同学都是找中介公司申请的。

我听了她的建议，申请了这所大学。但是，我再次发挥了主动的精神，没有找中介，而是直接写了一封充分展示素养和能力的自荐信，附上有关很有说服力的材料，发到该大学的招生部门。而且在提交申请后，我没有被动等待通知，而是主动和招生办的主任取得联系，介绍了自己的情况，给他留下了不错的印象。

真没有想到，尽管我没有去该校，而且连招生部门的人都没有见过，但很快，我就收到普渡大学的录取通知了。

我很高兴，于是赶紧发邮件谢谢那位同学。同学很替我高兴，但同时也有些沮丧，她告诉我，她也申请了这所学校，但只是被放进了等待名单，还不知道自己能不能被录取。

我当时想，同学那么热心地帮我，我是不是也应该而且能想办法帮帮她呢？既然我之前和普渡招生办的主任联系过，而且他对我印象也不错，那能不能向他推荐推荐我这位同学呢？

于是我立即写了一封电子邮件给这位主任，告诉他我有个朋友也申请了普渡大学，她在各个方面都很优秀，希望主任能再看看她的资料。

招生办主任很快回复了我，说要我转告朋友，让她写一封电子邮件给他，详细介绍一下自己的情况。我马上将这个好消息告诉了同学，她立即给主任写了封邮件。结果很快就传来了好消息——她也被录取了！

事后，同学对我表示了感谢，说想不到原本是她建议我申请这所大学，最后反倒是我帮了她。

我后来在美国上大学后，参加了一次校友会组织的社会精英交流聚会，在与大家分享了自己如何考上普渡大学这一故事时，一个著名公司的经理夸道：

"这两个年轻学生，可以说是互相帮助，也可以说是互为领导啊！什么叫作领导？就是总能主动关心、帮助别人的人。孩子们的做法，值得我们成年人学习。"

这是一个我从来没有听到过的观点，深化了我对"领导力"的认识。在以前，一谈领导，我们往往就想到"管人"，但这不是现代领导人的概念。现代的"领导"，就是能引领他人，并能以"公仆"姿态服务他人的人。

只要你能做到这两点，哪怕你没有担任任何职务，你也会赢得人心，会具有了不起的领导力。相反，即使你担任重要的职务，但你既不能引领他人，又不能给他人提供必要的服务，你也不具备真正的领导力。

我很珍惜我们这次都考上普渡大学的经历。并牢记"互相帮助"与"互为领导"是如此紧密相连：如果不是她先建议我申请普渡，我也就没有机会认识招生办主任，也就不可能帮忙推荐她。如果我只是满足于自己上了大学就不关心同学，我也难以得到同学的进一步认可。可以说，正是因为能互相引导、互相帮助，才创造了这样理想的效果。

在以后的学习与工作中，我不仅要求自己要发扬这种精神，也期望年轻的同学们都能这样去做。

—— 点评 ——

乔丹说："主动不主动，相差一百倍。"这句话好像是你初中一年级时从杂志上看到的。之后，你就很认真地将它记到笔记本里。没有想到的是，你不仅把它写进笔记本了，而且还真正把它刻到了"心版"上，并自觉用到学习与生活中去。

通过学会主动，你不仅第一时间融入新的环境，创造和把握了连自己以前都不敢想象的机会，提前拥有职场竞争力，而且在一定程度上提升了领导能力。看到这样的效果，叫人怎么不感叹"自觉成就一切"呢？

日本的"经营之圣"稻盛和夫曾说："在任何企业里，最受器重的，无一不是最有自觉力和主动精神的员工，他们是企业里最重要的财富。"其实，在学校和生活中，这种有自觉力和主动精神的人，无疑也都是最受欢迎并最有发展前景的。

请记住这样的一个规律：

一流主动、二流被动、三流不动。

三 事事用心，做解决问题的高手

记得出国前，有一次月考后，老师要求我们每个人排队去任课老师那里，问问自己有什么需要改进的地方。

那段时间我的化学成绩虽然不差，但也不是特别突出，我看到老师对我前面几个跟我成绩差不太多的学生说的都是要更加细心，继续加油之类的话，我以为自己也会得到差不多的点评。

没想到老师见到我，毫不留情地说了句："你不用心！"

我一下子愣住了，想为自己辩解，但只是张了张口，什么话也没说出来。老师接着说："你聪明是聪明，但就是不用心，不用心怎么能解出难题？"

当时我虽然表面上有点不服气，但我心里知道，老师说的是对的。那天在总结中，我把这些都记录了下来。每当自己想偷懒、想躲避的时候，我总会提醒自己：

只有学会"用心"，才能成为解决问题的高手。

1.没有尝试，怎么能说"不可能"

不管是在学校里，还是在职场中，总能看到有这么一些人，做一件事前，还没有尝试，就说自己不可能做到。而这样的人，是不可能有什么成就的。

《游褒禅山记》里有句话让我印象极为深刻："尽吾志也，

而不能至者，可以无悔矣，其孰能讥之乎？此余之所得也！"
（我已经尽了我最大的努力，然而还不能到达奇美的景点，我
也可以无悔了，这难道可以嘲笑吗？这就是我的心得啊！）而
如果一个人连尝试都不敢尝试，就说要放弃，那才是可笑的
做法！

在美国交流期间，有一天，我向寄宿家庭的妈妈提出，
自己觉得最近缺乏锻炼，看她能不能带我去附近的一个健身房
看看，让我找个地方做做运动。

寄宿家庭的妈妈爽快地答应了，她开车带我去了一座很
大的体育馆。那座体育馆的设施可以说是应有尽有，除了该有
的锻炼器材，还有两个橄榄球场、一个游泳池、一家快餐店、
一个大屏幕电视机和一些给小孩玩的游戏机。

我从没见过这么漂亮、这么高级的体育馆，很想到这里
锻炼，于是寄宿家庭的妈妈就带着我去服务台咨询收费方式。

工作人员告诉我，每次收费 11 美元。但如果我经常来，
则建议我办张会员卡，这样能便宜很多。我问她，怎么才能成
为会员？她告诉我，办会员卡需要和我的银行账号绑定，而且
最少要办一年的。

我心想，这下麻烦了，我既没有美国的银行卡，而且离
回国也只有四五个月了，也就是说办会员的条件我都无法满足。

但既然已经来了，就这么回去实在是心有不甘。于是我
试着跟工作人员沟通，先是真诚地夸赞她气质好，然后说这个

体育馆真是太棒了。我还跟她说，自己是一个来自中国的交流生，来美国的目的就是了解美国社会的方方面面，很想在回国之前，体验一下美国的健身房运动，但因为自己是学生，没有太多钱，所以十分希望能享受到优惠，希望他们帮我想想办法。

最终，工作人员被我打动了，她和经理商量后，决定对我破例一次，不仅接受信用卡付钱，并且只给我办五个月的会员卡。

如果我当时认为规定是不能变的，而放弃尝试的话，我就不可能享受到优惠的会员待遇。其实，很多时候，尝试一下，我们并不会失去什么，反而结果往往会出乎我们的意料。

2.不做思想的懒汉

我想你对这样的情境肯定不陌生——

有同学来到教室，看到一大堆的作业，于是往座位上一坐，耷拉着脑袋说："唉，懒得动啊，作业太多啦！"

我每次看到这样的人都会哭笑不得，还没开始做就抱怨，就说"懒得动"，真是典型的思想上的懒汉！而要想不做思想上的懒汉，有两点最重要——

（1）多花时间。

世界上最公平的东西就是时间，因为一天24小时，每个人得到的都一样。可有的人用来做事的时间多，有的人则浪费的时间多，而最后能够成功的，肯定是那些愿意多花时间做事的人。

有一次上英文课，老师发了查尔斯·狄更斯的小说《圣诞颂歌》以及几张关于小说细节的问卷给我们，作为周末作业。问卷上的题目不仅多，而且很细，如果不认真阅读小说，有的问题还真回答不出来。我想，这就是老师检测我们读书认真程度的方式吧。

回家后，我就开始一边看小说，一边做细节问卷。

因为我当时刚到美国，单词量还有待提高，所以阅读全英文的小说还有点困难，需要经常查单词。再加上问卷很细，有的地方我甚至要翻来覆去看五六遍。

除了那部让我头晕眼花的英文小说，我还有不少其他科目的作业要做。所以整个周末我都不得不待在房里奋斗。两天都坐在同一个闷死人的房间里，有时我真想把书一丢，跑到外头去打打球，好好放松一下。

每当这样的念头一起来，我就拼命告诉自己不能那么做，正因为我英文比不上美国当地的学生，所以才要花比他们更多的时间。为此，连我朋友打电话约我去看我早就想看的一部电影时，我都不得不咬咬牙拒绝掉。

英文作业交上去后，老师看完我的答卷，很惊讶地问："这是你自己做的吗？"我回答说："是的，它花掉了我的整个周末！"

老师把我的答卷举了起来："你们应该向这位来自中国的

学生学习学习，你们大都稀稀拉拉回答了 1 页纸，而他回答了整整 4 页纸。他英文不如你们好，却愿意比你们花更多的时间。因此我要给他额外的分数奖励。"

老师对我肯定和鼓励固然让我高兴，但更重要的是，通过这样的方式，我切切实实感觉到，自己的英文水平和词汇量在短时期内有了明显的提升。

（2）多动脑筋。

世界上最简单却又非常有用的事情是什么？

你或许会说，世上哪有这么好的事？

其实还真有，那就是动脑筋。动脑筋人人都可以做到，带来的好处是显而易见的，比如让自己更有智慧、变得更有创造性、用最合适的方法去解决问题等等。

有一次上艺术课，老师为了锻炼我们的创造力，让大家分组围着桌子坐好，然后发给每人一张纸，让大家在纸上按照他的画法画下了一道弧线，酷似人侧脸的轮廓。

"接下来，请你们尽情发挥，把它画成一幅画，我唯一的要求是，不准画人。"

这下大家都傻眼了，刚刚不是才画了道人脸的轮廓，怎么现在又不准画人呢？

大家都不知道如何下笔，纷纷在底下小声议论起来。我一开始也毫无头绪，但我想，老师既然想锻炼我们的创造力，那肯定不会按照常理出牌。

于是我把纸不停地顺时针转动，然后脑子里开始幻想这根曲线可以变成什么东西……我首先想到可以画个喷泉。但抬头看到周围的几个组员，我马上反应过来，既然这是小组活动，老师不会简单地出这么个题目，肯定还有下文。如果我画了喷泉，就很难扩展下去了。想留出扩展作画的空间，最容易的就是画人，但人又不准画，那最好就是画动物了。

想到这里，于是我决定画一只企鹅。

果然，大家画完之后，老师就让我们把画传给右边的组员，让他（她）给自己的画加工。

这下很多人又愣住了，因为他们只是随便画的，很难再往上添东西，有的甚至把整页纸都画满了。我忍不住在心里乐了一下，心想幸好我早有准备。我右边的同学甚至大喊："我运气太好了，我左边的人（指我）好棒，他画了只企鹅，太好加工了！"

后来，老师让大家在教室里走动，选两张自己最喜欢的画，然后记下编号，他要统计出每张画的支持人数。最后，大家选出 5 张最受欢迎的画。当老师念到我那幅画的编号时，全班 27 个人，有 15 个人站起来支持我！就这样，我拿到了第一名，比第二名多了整整 10 个支持者。老师甚至说，玩这个游戏以来，他还没见过有人有这么多支持者。

你看，动脑筋还是不动脑筋，效果还是不一样。

3.独立思考，敢于说"不"

在大部分学生眼里，老师都具有很高的权威性，认为老师说的就一定是对的。

在很多时候，这的确没错。但如果以此为理由，只是一味听从，而自己不去思考，有时候就会变成盲从，甚至还会在一定程度上让自己失去独立思考的能力。

不知道你有没有想过，老师有时也有可能出差错？当老师有差错时，你又会怎么做？是根本就不去思考，还是勇敢说"不"？

我从前也是个不敢说"不"的人，直到在美国交流时的一堂物理考试，才改变了我。

当时其他的题目我都做得很顺利，但有一道选择题，我左算右算，却发现根据这道题给出的条件，怎么也算不出选项里任何一个答案。我想，是不是自己算错了？但算来算去，又实在找不出自己错在哪里。我想，时间也快到了，还是算了吧，蒙一个 B 吧，三长一短选最短嘛。

这时候我脑袋里突然冒出个想法：会不会不是我错了，而是老师的题目出错了？于是我把演算过程仔细写在了答卷上，并且给老师写了一句话："老师，是不是您出试卷时熬夜太辛苦，一不小心将选项打错了？因为我算出的答案，跟选项全都不符。"

在考试成绩出来那天，老师在讲解试卷时告诉大家，试卷里有一道题他故意出错了，目的是检验我们的学习是否严谨。老师对我高度夸奖，因为全班只有我一个人提出了质疑，并进一步阐述说："在科学领域，永远不要认为权威就一定是正确的，而推动科学进步和发展的，往往是那些勇于独立思考、敢于质疑和发出自己声音的人。Will 体现的这种敢于怀疑的精神，值得提倡！"

老师的话，再次让我学到了非常宝贵的一课：如果自己今后立志于在科学领域发展，那从现在开始，就应该养成独立思考、敢于质疑的习惯。

虽然这只是一件很小的事情，但对我意义却并不一般。以前，我们总是被要求"听话就好"，但我现在却发现，在求知和探索的路上，有时候需要自己去思考、做个"不听话"但坚持真理的人。

4.放弃思考，无异于投降

我同学有个很有意思的观点——

如果世界末日真的来临，人类其实也不至于灭亡。肯定有一些直到最后都决不放弃而积极想办法的人，能够抓到那么几线生机活下来，等到风平浪静的时候重建家园。

我觉得其实做任何事情都一样，如果放弃思考，那么就意味着向问题投降，丧失本来可以解决问题的机会。

记得有一次，我和组员在教室里花了好几天时间，才千辛万苦将物理老师要求的过山车做好。眼看差最后一点就要完工了，这时一个老师来我们教室，手中拿了满满的几罐饮料。他不小心脚一滑，饮料就不偏不倚全砸在了我们的过山车上。当时所有人都愣了，我们小组的三个人更是呆若木鸡，好一会儿回不过神来。

看着地上那堆"垃圾"，我们真是连想哭的心都有了。怎么办？如果重新做，时间上肯定来不及。实在不行就只能放弃了，大不了这个课题拿零分，反正也快期末了，有之前做的那些课题撑着，也不至于不及格。

经过最初的沮丧之后，我后来觉得：不行，不能就此放弃。重新做肯定不行，于是我和其他组员商量，能不能想办法稍微调整一下，对它进行修复？对于这个提议，其他组员露出了怀疑的表情，说：都这样了，还能修复吗？

看他们还在迟疑，我决定自己先动手。我先搭了一个支架，然后又搭了一个。

大家一看我干得那么起劲，也都开始过来帮忙。其实等真动起手来，我们才发现事情并没有表面上看起来那么糟糕，有些材料可以重复使用，有的地方也只需要重新连接和固定就可以了。这样一来，大家越做越有信心，最终在最后期限前成功地修复了过山车。而更让我们没有想到的是，这件作品居然赢得了全班最高分！

这件事告诉我一个道理：越是遇到不利的情形，越不能绝望，更不能暗示自己不可能摆脱。最好的办法，就是冷静思考，只要去试，就是在给自己创造机会。

5.以"正反合"的方式进行思考

我们都知道有句话叫"三思而后行"。对于"三思"，有很多不同的解释。而我听过的最好的解释，是从"正反合"三个不同方面来思考问题——

第一，正着想一遍，也就是想这件事好的方面。

第二，反着想一遍，也就是想这件事不好的方面。

第三，合起来想一遍，也就是进行综合的分析和比较，最终决定是否做这件事。

我把这个观点写到了总结里。而后来发生的一件事，就让我通过这种思考做了一次正确的决定。

一天，我的地区代表给我打来电话，告诉我，她之前向我寄宿家庭的妈妈细致地了解了我的生活状况。寄宿家庭的妈妈对她说，我在他们家别的都很好，唯一担心的是，我会过得比较孤单和无聊。因为家里的三个小孩子都很小，和我年龄相差很大，大家玩不到一起。我最喜欢运动，一提起去健身房我就会兴致高涨。但寄宿家庭的妈妈平时最大的爱好是在客厅写作，而寄宿家庭的爸爸则喜欢和三个孩子在家玩电子游戏。虽然他们也会抽时间带我去健身，但这样的机会并不太多。

自从那次我通过主动关心改善了与地区代表的关系后，她一方面出于高度的责任心，另一方面也出于我们逐步融洽的关系，愿意创造更好的条件，让我充分利用这次机会与美国人交流。考虑到我与寄宿家庭在生活方式方面有较大区别，她主动提出给我换个更有活力或者有同龄孩子的家庭。

她还告诉我，她已经征求过寄宿家庭妈妈的意见。寄宿家庭的妈妈说，如果我要换家庭，她会尊重我的选择。

我当时的第一反应是，无论是地区代表还是寄宿家庭的妈妈，对我实在太好了。接着我就很开心：如果换个更有活力的家庭，未尝不是个好的选择，这样我就不用老闷在家里了。

但冷静下来后，我觉得应该综合考虑一下。

先想好处：换个家庭，能让我有更多的事情可做，生活也会更加有意思和充实。

再想坏处：换一个家庭，意味着我要重新花时间去融入和适应。更关键的是，我现在的寄宿家庭对我投入了不少，这种投入，既包括精力和金钱（交流生在寄宿家庭的吃住都是免费的），也包括情感上的付出。他们对我一直很好，虽然换家庭的想法是寄宿家庭的妈妈主动提出来的，但如果我真的这么做了，对他们的情感肯定会有伤害。

我突然想起，出国前，爷爷正要接受心脏手术，在病床上语重心长地对我说："孩子，别忘了，去了美国，你就是中美文化交流的小使者，你不仅代表着你自己，也代表我们家，甚至还在某种程度上代表着中国的形象。"想到这里，我就更不能只考虑自己的感受了。

地区代表告诉我不用急着回答她，等考虑好了再给她打电话。

但是，进行了上述综合考虑之后，我脱口而出："不必考虑了。谢谢你们的好意，我决定不换。"

地区代表听了一愣，赶紧问我为什么。

我告诉她，虽然我到寄宿家庭只有几个月，但我们彼此间产生了很深的感情。寄宿家庭一直对我很好，如果我换家庭，尽管寄宿家庭能理解，但也可能会伤心。所以我不能这么做。并且我告诉地区代表，不用担心我课余的时间会无聊，因为我会自己找事做，让自己变得充实起来。

最后我强调说："我不能因为自己一点点的不如意，就去让为我付出这么多的人伤心。如果这样做，按我们中国人的说法，是'不厚道'的。"

我的决定和解释使地区代表十分感动。她告诉我，自己从事了快15年的交流生安置工作，接待了许多来自全世界各地的交流生，不少交流生都会因为一点小小的不愉快，或者自己的需要没有被满足，就吵着闹着要换家庭。她没有想到，我这位来自中国的中学生，却是她主动提出要给我换家庭，我却不换。最后她赞美说："在你身上，我真正看到了中国人的美好品质。"

那一瞬间，我的确很温暖，也颇为自豪。

事后，地区代表把我的想法告诉了寄宿家庭的妈妈，寄宿家庭的妈妈也很感动，她说其实他们很舍不得我离开。

交流结束至今，我和寄宿家庭的妈妈一直保持着通信。在得知我要去美国上普渡大学后，她给我写了一封很长的邮件，在信里，她像天下所有的妈妈一样，对我细细地叮嘱，包括出门时要注意安全，一定要结伴而行；自己的贵重财物要保管好，不要放在容易被人发现的地方……

到了普渡之后，离感恩节还有两个星期，我就收到了寄宿家庭妈妈寄来的包裹，那是他们全家一起给我挑选的礼物——一双价格不菲的运动鞋，里面还有他们全家签名的卡片。

那一刻，我心里有说不出的温暖和感动，我也再一次庆幸自己当初"三思"后做出的决定是多么正确。如果我当时只考虑自己某一方面的感受换了家庭，那可能我也就永远失去了这份温暖和感动。虽然从一定程度上想，换个家庭对我应该更合适，但"三思而后行"的结果，不仅让我收获了人间最尊贵的爱与温暖，而且更让我在外国人面前，展示了中国人的好形象。

你说，我最后的选择，是不是最好的呢？

—— 点评 ——

人这一辈子，遇到最多的往往是问题，而且，你不去找问题，问题也会找你，所以，要么就是你当猎手，去把问题"消灭"，要么你成为"猎物"，被问题"打倒"。所以，人生最重要的必修课之一，就是提升分析问题和解决问题的能力。

据说，哈佛商学院最重要的教育方法之一，就是通过案例分享的方式，去掌握解决问题的思维方法。可遗憾的是，这却是中国传统教育的盲区，有两件事情使我格外难忘：一次是与中国青年政治学院的一位领导交流，他明确指出：中国目前最缺乏的教育之一，就是解决问题的教育。所以，往往学生死记硬背了一堆知识，面对问题却常常一筹莫展。还有一次是在北京住总房地产公司进行培训，该单位的人力资源总监姜水说："单位是什么？就是需要你去帮助不断解决问题的地方。一个员工的竞争力，往往就体现在解决问题的能力上。"

既然传统的教育不能提供这样重要的教育，那么我们就要自觉地从身边的学习、工作与生活中，学会这一能力。希望你继续在掌握解决问题思维方式的路上越走越广，并牢记：

躲避问题前途无"亮"，解决问题前途无量！

"只要思想不滑坡，方法总比问题多。"

四 自我管理日记精选

我的自我管理日记，在写作之初就明确了一点：不图文采出众，但求真真实实，只写在自己身上或周围发生的事情，以及面对这些事情，自己最真诚和最深切的感悟，以帮助自己更好地成长。

这里精选的日记，是按联合国教科文组织 21 世纪教育委员会"未来教育四大支柱"的四个方面——"学会生存、学会学习、学会办事、学会共同生活"来分类的。既一目了然，又实在管用。

在这些日记的后面，有爸爸的点评。这些点评中，既有父亲对孩子的关爱，也有他作为管理学专家和方法学家的专业素养，让我受益良多。

1.“学会生存”部分

2011-4-20

关键词：你是妈妈的宝贝，但未必就会是社会的宝贝。

今日收获：

　　今天在北京新东方继续上课。

　　我们的语法课老师非常幽默。前几天，我们班一个外号叫“大叔”的男生，因为没有回答对问题，老师便罚他在下次课堂上演唱《纤夫的爱》。

　　我们都觉得老师的惩罚太搞笑了。因为“大叔”的形象不仅和“歌手”相距太远，而且据说他平时基本不会唱歌。尽管老师有点半开玩笑，而当时“大叔”也很难为情，但在大家的起哄下，他还是无奈地答应下来。

　　我们都觉得，“大叔”肯定不好意思唱。但没想到的是，“大叔”虽然不擅长唱歌，也从没有在大家面前表演过，但他还是花了整整两个晚上练习这首《纤夫的爱》，今天，他就在课堂上给我们表演了。

　　一点没有悬念，“大叔”在台上唱，台下的“观众”笑得前仰后合，但“大叔”还是很勇敢地连男声带女声一起唱完了。

　　下课后，我忍不住问“大叔”，哪里来的这么大的勇气。他回答我：“其实我也很难为情，也想找借口躲掉这个丢面子的事。但既然认罚了，就一定要做到，不然就不要答应。"那一瞬间，我觉得他的思想和他的外号"大叔"一样成熟。

晚上，我和妈妈在网上交流时讲了这件事。妈妈充满深情地说：

"你是妈妈的宝贝，但未必就会是社会的宝贝。你将来凭什么在社会上立足？除了能力外，首先就要提升这种敢于面对和承担的素质。这样才能让自己更像一个男子汉！"

妈妈说，我要做一个男子汉，首先要学会面对和承担。我们每个人都有可能遭遇像"大叔"那样难堪又不得不面对的情景，到那时候，我希望自己也能像"大叔"一样，勇于面对，绝不躲避，而且要学会一言九鼎，对自己说过的话负责。

—— 点评 ——

几乎在所有父母眼里，自己的孩子总是最可爱的。所以妈妈说你是她的宝贝，并不夸张。但是，随着孩子越来越长大，他就会越来越属于社会而不是家庭。父母再爱自己的孩子，也无法做到让社会也同样这样"宝贝"着自己的孩子。将来如何能在社会上更好地立足和发展，的确是每个孩子都要尽早思考的问题。

那什么样的人最容易得到社会肯定，什么样的人又最难得到社会肯定呢？

爸爸曾经写过一本畅销书《方法总比问题多》，其核心理念也许可以给你提供借鉴——"只为成功找方法，不为失败找借口"。这其实是告诉你一个现象：在这个世界上有两种人，一种人，遇到需要解决的问题时，总是找借口回避，而另外一种人，总是主动去找方法解决。前者会不断遭遇失败，后者则能不断创造成功。

如果要找借口，那实在太容易了。但是不回避问题去找方法，却并不是件轻松的事。这就需要像"大叔"一样，做一个负责任的人——不仅对自己讲过的话负责，也要对自己的成长负责，勇于向自己挑战。

为自己找借口的人不会进步，主动想方法的人是在不断为成长投资。你选择哪种人生态度呢？

2011-10-18

关键词：越能面对恐惧，越能战胜恐惧

今日收获：

今天我一早就起床了，兴冲冲地跟着寄宿家庭去参观向往已久的迪斯尼乐园。尽管我们在开园前20分钟就到了门口排队等候，但那里早已经是人山人海了。

我体验了我期待很久的摇滚过山车，还看到了很多电影里曾经出现过的道具，比如说《星球大战》里头的激光剑啦，飞行器啦，《加勒比海盗》里的服装啦，怪物船长的管风琴啦……可以说，每一步都是惊奇，每一刻都有惊喜，让我们流连忘返。

但让我印象最深刻的是恐惧之塔。它好像是根据一部电影的故事建造的游乐设施，对电影里的故事我完全不了解，但这项游乐设施确实很刺激！我们先坐上了一部电梯，然后电梯开始上升，穿越了一道长廊，我们在路上看到了很多幽灵，还有一只恐怖的大眼睛！

我们的电梯在黑暗里走啊走，到了一个地方，突然停了下来！这时候眼前突然变得明亮——面前的墙壁打开了！我们这时竟然在塔顶，俯视着外面的一切！于是大家纷纷开始尖叫，但就在尖叫的那一瞬间，电梯开始了自由落体运动……

天哪，光是自由落体也就算了，它还突然停住，停住之后，我们以为结束了，谁知道它突然又开始极速上升，升完之后，我们以为它会原路返回，然而它再次让我们"失望"了，它再次做了自由落体运动！

我长这么大还没有过这么恐怖的体验。所有人都在尖叫，我也不例外。有那么一会儿，我甚至在心里祈祷：请快点结束吧，我再也受不了了。

但就在最恐惧的一瞬间，我突然想：既然明明知道不会出安全问题，也知道那些现象都是假的，为什么还要不由自主地害怕、受它的支配呢？我深呼吸了一口气，告诉自己没什么可怕的。耐人寻味的是，这一招还真有效，尽管有时还是会感到恐惧，但绝对不像之前那么强烈了。

等到从恐惧之塔上下来，寄宿家庭的三个小弟弟已经吓得脸色惨白。当我们去看游乐设施里的照相机拍下的照片时，看到几个小弟弟害怕的模样，大家都哈哈大笑起来。寄宿家庭的爸爸指着照片里的我，开玩笑地说："这孩子肯定是个怪物，他竟然表现得如此享受！"

今天的收获是——

第一，我充分体验了一次迪斯尼乐园的快乐。

第二，我学会了勇敢地面对自己的恐惧，并且尝试着控制它。

─ 点评 ─

　　谁都免不了要面对恐惧，有的恐惧能让我们避开危险，但不必要的恐惧，却会阻碍我们向前的步伐，所以我们不仅要学会控制恐惧，有时还要战胜恐惧。

　　怎么才能战胜不必要的恐惧呢？罗斯福总统有句名言："我们唯一值得恐惧的，是恐惧本身——模糊的、轻率的、毫无道理的恐惧本身！"这其实告诉我们：我们之所以恐惧，首先是因为"模糊"——你没有看清；之后是因为"轻率"——没看清就开始恐惧，不是轻率是什么？最后当然是因为"毫无道理"了。

　　你能直接面对恐惧，去破解恐惧的假象，这样，你就能开始控制恐惧了。这是一个好的开端，希望你将来遇到更大挑战的时候，能用同样的方式战胜不必要的恐惧。

2012-1-13
关键词：要想让人服，你得格外强
今日收获：

今天我跟物理学习小组的三个同学讨论：最新的实验课题怎么分工做出实验报告。

我把从物理老师那里拷来的实验要求发给了每人一份，然后大家开始讨论。在讨论谁该做"理论"部分、谁该做"数据记录"部分、谁该做"计算"部分……的时候，整个都乱了套，大家你一句我一句的，这个说要做理论，那个说要做记录，一有冲突，大家又都推来抢去的。

我一看，这样讨论下去可不是办法，于是说："大家都别争了，听我的安排吧。"

其中两个同学说 OK，但另外一个同学有点不乐意了：

"为什么要听你的安排？我觉得还不如让我来安排，我物理很厉害。"

那两个说 OK 的同学于是问他："你物理有多好？"

"我上个学期期末总成绩是 81 分。"

我们的物理老师要求很严格，他这样的成绩算是不错了。

那两位同学听了，都笑了起来。因为他们和我很熟，知道我的成绩。于是便对他说："你还是收回你的话吧，Will（我的名字）上个学期的总成绩是 93 分。"

这在我们班上是顶尖级别的分数，那个同学也就没话说了，于是听从了我的安排。

这给我一个启示：要想当一个领导者，光自己有想法还远远不够，要想别人愿意听从你的意见，你就必须有比别人强的地方才行！

—— 点评 ——

要让别人信服，就得有比别人强的实力，而领导者更是如此。记得联想控股董事局前主席柳传志，多年前在教育现在联想的接班人杨元庆应该如何当领导时，用过一个形象的比喻：一只小鸡比另一只小鸡大一点，这并不能保证其他的小鸡服你。但是，当你强大到足有火鸡那么大时，别的小鸡不服你就不行。

提升自己的实力，不仅能保证你将来在竞争中更容易立足，也能帮助你将来有可能当个更有作为的领导者。

2.“学会学习”部分

2011-7-17

关键词：生活也是大课堂

今日收获：

　　昨天因为家里的蒸锅烧坏了，我跟爸爸到商场买了个电蒸笼。今天中午我自己蒸饭的时候发现，和以前的蒸锅相比，电蒸笼的好处还真多：不仅我倒进去的水没用多少，菜也热得很快，而且工作时间还可以设定，不用担心烧干，就算水烧干了也会自动断电。晚上我又发现它另一个优点——蒸出来的馒头比用蒸锅蒸出来的好吃。

　　爸爸笑着说，以前那个蒸锅是小姨在网上帮他订的，当时爸爸用起来觉得很好，甚至一度觉得这个锅肯定就是最好的了。如果不是因为昨天那个锅烧坏了，爸爸就不会和我去商场，也不会发现这种新产品，更不知道它的效果比以前那个“最好的蒸锅”还要好。

　　这在一般人看来，可能觉得是个笑话，或者觉得爸爸太老土了。但我能理解爸爸，他对生活本来就不太讲究，加上一段时期他一个人在北京生活，没有人照顾他和提醒他，这样的笑话出现在他身上，并不奇怪。

　　但这件小事却引起了我一些思考，并得到以下三点启示。

　　一、不要被成见所误。爸爸之所以认为以前的蒸锅是最好的，一是因为它用起来的确很方便，而且是很有名的品牌；二是因为爸爸根本没想是否有更好的新产品。这也告诉我：对待任何事物，都不能以固化的眼光去认识。原因很简单：每个人的阅历和知识都有限，而且事物都在不断变化。假如我们陷在原来的印象中不可自拔，我们就会既看不到客观的真相，也看不到世界的变化，最终为成见所误。

二、要有这样的思维——有时候，我们还有"更多的选择，更好的选择"。

有时候，我们对某些东西、某些方法等等，因为用习惯了，所以总觉得现在的就是最好的。其实这在很大程度上，是一种思维懒惰的表现：因为习惯了、以前都是这么做的，为了图省事、怕麻烦，所以干脆不去尝试和改变。只有打破这样的思维习惯，多想想还有没有更多的选择、更好的选择，我们才有机会去认识更宽广的世界。

三、这个道理引申到谈恋爱中也有借鉴作用：凡事不要走极端。深爱一个人是可以理解的，但是如果因此而感觉"离开他（或她）就活不下去"，甚至做出一些伤害他人或自己的举动，那就犯上愚痴的错误了。

我曾看到一篇新闻，一个只有19岁的少年，因为爱上一个女孩不可自拔。后来女孩爱上别人走了，他竟然将女孩和所谓的"情敌"都杀死了，自己也自杀了。最让人震撼的是：他留下一封遗书，说自己杀掉她是因为太爱她，说再也不可能遇到她那样好的女孩了。所以，既然得不到，干脆同赴黄泉。

因为觉得再也遇不到那么好的女孩，所以要将她杀掉，这样的理由看起来太不可思议了！其实不管遇到什么事，都不要走极端，还要想想其他的可能性。

记得在金庸的小说《神雕侠侣》里，亲兄弟大武和小武同时爱上了郭芙，为了她争得不可开交，甚至因为她决斗而差点死掉。其实郭芙对他们俩都没意思。最后，大武小武也明白过来，放下了郭芙，各自都找到了属于自己的幸福。而郭芙，刁蛮任性，远不是金庸笔下可爱的女子。

我们都会在感情上遭遇各种各样的问题，但有一点我们需要明白，即使失去了某个人，也不是世界末日，生命中同样也还有阳光和精彩，你同样还能有更多的追求和选择。

—— 点评 ——

一件买蒸锅的日常小事，能让你联想并总结出这么多道理，值得肯定！最值得肯定的是，它其实符合一种很好的学习方式——在生活中学习，在学习中生活。

你通过这件事，引申到了"更多选择"的思维和

"谈恋爱的选择思维"，其实也符合通过日常生活进行创造性思考的三个步骤，现在和你分享——

一、要善于捕捉生活中的细节。

生活中有很多很多值得我们关注的东西，这些细节，很多人都不会留意，而我们恰恰要做生活的有心人。

二、从这些细节中分析出规律。

事物的存在往往伴随着客观规律，而这个规律，如果你不去观察和分析，是不会浮出水面的。因此当我们观察身边的种种事物时，不妨多想想为什么，为什么它会是这个样子，然后找出规律。

三、将这些规律运用到其他方面。

得出了规律之后，创造性思维并没有就此结束，我们还需要将这些规律融会贯通，想想它在其他的方面，是不是也同样适用？这样我们才能将探索出来的规律运用到需要的方面上去。

2012-3-26

关键词：好方法要应用，更要创新

今日收获：

　　在国内学历史时，我老记不住一些东西。而爸爸曾经是文科尖子，历史学得非常好，于是，我便向爸爸请教。爸爸教给了我一种很好的记忆方式，名为"珍珠项链式"的思维法（或记忆法）。具体做法是：

　　一、将你要记忆的事情用一个关键词表达出来，这样记忆的一件件事情就像是一颗颗珍珠一样；

　　二、学会说"一二三"，将这些关键词，按一定的逻辑关系，像串珍珠一样串起来，这样就能很有效很牢固地记住一系列知识。

　　我运用这种方式，果然历史进步较大。之后，我也有意识地将其运用到其他方面。

　　前些天，我发现有一位美国高中生，特别擅长与人打交道，尤其是对人提出建议或者期望时，往往很有效果。于是我便向他请教。在我虚心和热情的态度，以及两杯高级冰激凌的"感召"下，他告诉了这样三个步骤：

　　第一是询问近况，第二是夸赞对方值得肯定的地方，第三才是来到主题。

　　我觉得他的体会十分精辟：第一步是以寒暄的方式轻松拉

近距离，这样不会让人紧张；第二步是"情感铺垫"，达到人际关系上"喜欢引起喜欢"的效果；在这样的基础上，再走第三步，去提出建议或期望时，别人就容易接受了。

这三点符合"会说一、二、三"，但是，我觉得还不好记忆，正好在美国学习，英语能力有所提高，于是，我用一个最简单的"ABC 法则"将这三个步骤概括出来：

Ask(询问)，Boast(夸赞)，Come to the topic(来到主题)。

对掌握英语的人来讲，这样的法则应该很容易记住了。用"ABC"的方式一概括，在我与同学们分享时，不少同学都拍案叫绝。

这种"珍珠项链"思维法总结经验的方式，的确非常管用，它能够让你用最生动的方法记住一件事情。

—— 点评 ——

爸爸曾经是一个书呆子，花了很多时间，效率却不高，后来将知识与智慧的关系进行了思考，因而有了很大进步。前几年还写了一篇文章《用智慧统帅知识》，发表在《读者》上。

读书与智慧是紧密相关的，所以才有了诸如"珍珠项链法"等一系列的方法。最近正好又悟出了

"不当书呆子"的四个要点，觉得你这次探索，正好符合要求。现与你分享——

一、学而能化。就是说，学了东西要能像消化食物一样，将知识转化成为营养。

二、学而能通。即要融会贯通。比如说你在学习历史方面有了心得体会，便可以将类似的方法用到人际关系中……

三、学而能用。将学到的东西用到实践中去，不然学也是白学。

四、学而能创。在接受知识的基础上勇于创新，才能让学习更上一个台阶。"珍珠项链法"你能用于历史并有效果，这让我很开心。但是，你还将别人一段人际关系的话，用英语总结为"ABC法则"，这就是创新。

尽管这算不了大的发明创造，但这样坚持下去，必然会取得更大成就。

3."学会做事"部分

2011-7-26

关键词：细致不细致，效果大不同

今日收获：

因为快去美国了，为了我在美国取钱方便，爸爸决定和我去银行办信用卡。在这个过程中，发生了两件事，让我印象很深。

第一件事是，那天到银行交完有关申请信用卡的资料后，工作人员就让我们回去等待，说大约半个月后就会将信用卡寄过去。当时爸爸因为有事要急着去办，所以交完资料，我们也没多问，就回去了。

谁知刚到家，爸爸就接到银行工作人员打来的电话，说刚刚发现我们提交的资料有点问题：收入证明我们提供的是复印件，而按规定应该提供原件。所以需要我们再过去送一趟。当时正是中午最热的时候，我正想回屋开空调美美地睡上一觉。尽管有一万个不愿意，但没办法，我还是只能顶着大太阳又去了趟银行。

这件事给了我一个不小的教训。爸爸也说，尽管银行当时有责任提醒我们，但关键是我们自己没多问一句：材料是不是齐全了？并让工作人员再将材料检查一遍。由于我们急着回来，结果反倒给自己添了麻烦。

以后遇到类似的情况，一定要再三问清楚：要交哪些材料，哪些要复印，哪些要交原件？尽量一次办妥。并且一定要提醒对方检查一下材料是否齐全。

另一件事发生在今天。为了爸爸存钱和我取款方便，我们办的是主卡加附属卡的信用卡。爸爸的主卡已经收到了，我的附属卡却迟迟没有收到，于是爸爸就打电话去那家银行的营业部询问。

爸爸得到的回答是要问信用卡中心，于是爸爸又把电话打到信用卡中心。信用卡中心查了一下，说我的卡早已经寄出去了，应该到了。

既然这样，我当时想，那就等着吧，也许一会门铃一响，就有人送来了呢。

但爸爸对这样的答复却并不满意，他又打电话问相关人员，那张卡是什么时候寄出的，现在到了什么地方？但对方也说不清楚到了哪里，于是让爸爸到就近的银行查查看。但打电话问银行，工作人员说需要提供对方寄出卡时的相关编号才能查询，爸爸并不清楚银行寄出卡时的编号，于是按照他们提供的电话打过去查询，结果电话一直没人接听。

当时爸爸马上就要出差了，如果查不到，就只能等回来后再说了。

我以为既然电话没人接，爸爸肯定会等回来后再说。但爸爸的举动却让我很吃惊，他又拿起电话询问附近的邮局有没有我们的信件。邮局让爸爸带着身份证过去查询，结果发现确实有银行寄来的信件。其实，邮递员已经去了我们家两次，但正好都没人，邮递员不知道我们楼底下有信箱，于是又拿回去了。

就这样，在爸爸出差前半小时，我们拿到了信用卡。

爸爸的做法，给我上了很好的一课：遇到事情，我们不能一味地被动等待，而要学会主动争取。如果当时爸爸没有一而再，再而三地追问信用卡的下落，那张卡还不知道要在邮局里躺到什么时候呢。

— 点评 —

两件事，一正一反，既有相关单位的原因，也和爸爸有着密切的关系。

第一个故事，暴露了爸爸的缺点：因为急着办事而没有向工作人员多问一句，确认手续齐全才离开，结果反倒更麻烦。说明在办事的过程中，一不要省略确认这个环节，二不要自己怕麻烦。正如全国政协原主席李瑞环所说的那样："我们以往的毛病多在于把问题看得过于简单。由于看得简单，结果反而使问题复杂化。"

　　第二个故事，爸爸把一个看起来不好解决的问题最后解决了。你总结得好：遇到问题，我们应该更主动一些。同时补充一点：有时要解决问题，就得有穷追不舍、一抓到底的精神。爸爸有两本书——《执行中重在到位》和《工作重在到位》，强调的就是"到位"的价值："做事不到位，等于没做事""执行不到位，不如不执行"。

　　许多人做事都是满足于"做了"，即只是"走过场"。优秀的人却时刻重视做事到位，不取得理想的结果，就决不罢休。他们会把这当成座右铭：

　　"做好了，才算'做了'！"

2011-12-8

关键词：学会转个弯，解决就简单

今日收获：

今天物理课，我们的作业还是搭建过山车。严格说，今天做的是最后一个步骤。之前，我们组搭建的过山车可以说挺完美了——有主题，安全，稳当，而且还有创新。今天大家要做的工作，是把接下来的运算算好。

这并不是件轻松的活。其中一项，是要计算玻璃球在过山车轨道上运行的平均速度。时间倒是容易记录，用秒表就行，但路程应该怎么算呢？如果直的还好办，但过山车的轨道有很多弯和坡，这就有点难度了。

看别组的同学都是用尺子贴着轨道一点点去算，我们原本也打算这么做。但我很快就意识到这么做存在问题——不仅速度慢，而且很容易出错。有没有更好的方法呢？

我突然灵机一动，便对小组其他成员说："大家先等一等。老师不是爱钓鱼吗？我去问他借卷钓线来用一下。"

他们有点奇怪："要这个干什么？"

我决定卖个关子，先不告诉他们。很快，我就从老师那里将钓线拿来了。我和其他组员一起动手，将钓线的一端固定在过山车轨道的起点，然后让钓线贴着过山车的轨道垂下来，最后在终点处打个小结。这样一来，我们只要测量出钓线起点到小结处的长度，就可以知道轨道的长度了。

因为采用了这种方法，我们小组用最快的速度准确地完成了计算。

最后，这个课题我们拿到了全班最高分！

有时候，很多事如果直接去做，可能会有困难，但只要改变一下方法，让思维转个弯，间接去思考，说不定就会发现，问题解决起来其实很简单。

—— 点评 ——

不管做什么，的确需要"动脑子"。这次实验值得肯定。这其中，你关键用好了两种思维：一种是属于创新思维的"横向思维"，一种是中国传统智慧的"通筒思维"。

"横向思维"是创新思维之父爱德华·德·博诺的发明，他以一种形象的比喻——"换地方打井"，说明了这种思维的特点：当我们在打一口井时，如果老不出水，一般人会认为自己努力不够，会加大打井的力度。这作为一种锲而不舍的精神是可嘉的，但作为一种思维方法来说却可能欠妥。出不了水，可能是选的地点不对。如果换个地方打井，说不定就更容易出水。

而"通简思维"，就是以更简单的方式去处理复杂的问题。

这种做法，希望在将来的科学实验中，你能更好地运用。

4."学会共同生活"部分

2011-6-29

关键词：越能放低自己，越能"赢得"他人

今日收获：

今天一早，我就去美国大使馆排队办签证，结果一切很顺利。拿到签证后，我马上发短信告诉了爸爸妈妈，心情真是好极了。

在办签证时，有个同学给我留下了很好的印象。

那个同学看起来长得非常成熟。我跟他以前并不认识，但在昨天预约办签证时，我跟他分在了一个组。排队的时候，他突然转过头对我说："我觉得你是那种外表非常明朗洒脱，但是做起事情又十分专心的人，你以后肯定会是那种有一群人在身后鼓掌的人！"

突然被一个素不相识的人这么夸了一通，我心里当然美滋滋的。我想，这个同学夸人的技巧可真够厉害。我总结了一下，他的夸人方法是："我觉得你……但是你……你以后肯定会……"

真诚地赞美别人，效果真的很大。别人的夸奖能让我这么高兴，那么同样，如果我去赞美别人，也肯定会让别人感到开心。

这让我联想起之前在湖南老家和春湘伯伯交流的事。春湘伯伯很有才气，诗写得非常好。他告诉我，自己本是个狂傲不羁的人，但唯独对外公极为佩服。为什么呢？举个例子，有一次春湘伯伯写了首古体诗，于是拿给一位对古诗很有研究的前辈看。前辈读完诗后，立即摆出一副"权威"派头，指出哪里哪里不好。也许这位前辈讲得有些道理，但这种态度却让春湘伯伯很不舒服。

后来，他又把诗歌拿给外公看。没有想到，同样在当地很有权威的外公，看完之后对他的诗大加赞赏，直到最后，外公才说："要是这里能改两个字，那就更加完美了。"春湘伯伯听了外公的点评，觉得十分有道理，于是很愉快地接受了。春湘伯伯虽然和外公相差了 17 岁，但他们很快就成了忘年交，后来他甚至和外公一起盖了栋房子，住到了一起，两人常常在一起吟诗作对。

与此同时，我又想起了今年湖南的高考语文作文题："某歌手第一句话由'大家好，我来了'变为'谢谢大家，你们来了'，以此立意，自拟题目写一篇作文。"

我想，这篇作文的立意，是让我们学会放低自己，不以自我为中心，多尊重他人吧。

大使馆那位夸我的同学、让春湘伯伯佩服并与之成为好友的外公，不正是这样实践的吗？

—— 点评 ——

爸爸在当记者时，在甘肃听到过一句民谚："多叫一声哥，少走十里坡。"这句话充分说明了尊重他人、夸奖他人的重要性。这按照社会心理学的观点，符合"喜欢引起喜欢，在乎引起在乎"的原则。

但中国人有个普遍的毛病——不善于夸奖人，甚至认为夸奖人，就是讨好人，就是降低了自己的人格，所以会很不自然甚至抵触。其实，人与人之间是需要互相肯定和赞美的。施舍是佛教提倡的美德，其中有很重要的一条：当没钱施舍给别人的时候，对人讲关心、赞美和爱护的话，也是一种施，叫"爱语施"。既然这样，为什么不学学怎样赞美人呢？

你在总结中谈到有一位前辈提意见时，春湘伯伯不接受，但外公却赢得了他的认可。为什么呢？这来自一个很有意思的规律：人们不接受一些意见，往往并不是意见本身有错，而是不接受提意见人的态度。一开始就高高在上指出问题，往往容易引起别人的抵触，而聪明的人，却懂得这样一个沟通技巧——要发表不同意见，先肯定，再否定。外公在这一点上，就是很值得你学习的榜样。

2011-7-30

关键词：和人交往不仅要学会付出，还要懂得接受

今日收获：

今天，有位大爷和他的儿子要到我们家做客。听爸爸说，这位大爷对爷爷奶奶非常好，从某种程度上来说，甚至是我们家的救命恩人。因为路途比较远，加上大爷年纪也大了，爸爸本来想告诉大爷别来了，反正我们计划好了过几天去看他们的。

我觉得爸爸说得对，不料爷爷却马上反对：

"不行，得让他们来。他们知道你明天要去美国读书了，这次是特意过来看你们的。你不让他们来，不仅拂了人家的心意，也会让他们觉得没有面子。你们要去看他，到时再去就行了。"

结果大爷到了我们家，大家聊得十分愉快。当爸爸说过几天要去他们家的时候，他们更是笑得合不拢嘴。大爷他们走后，爸爸感慨说，幸亏爷爷没听自己的，自己考虑问题还是不周全。

这让我想起了自己曾经差点失去一个好朋友的情景：我对他很好，但我却很少接受他的关心和帮助。结果他认为我太高傲，和我越来越疏远。直到有一次我问他，他才说出了原因，并且给我举了例子：有一次，我的手机没电了，于是借了他的

手机给爸爸打了个长途电话。事后，我还特意给了他几块钱电话费。他说我的这个举动让他很难过，他觉得我根本没有把他当真正的朋友。

朋友的话让我大吃一惊，因为我那么做，完全是出于好意——不想让朋友吃亏。没想到好心却引起了朋友的误会。当然后来经过解释，我们俩关系又回复到和以前一样。

但这件事也让我反思，人际关系其实是辩证的。不愿欠别人的情，看上去是不想给别人添麻烦，但有时候拒绝别人的好意，往往也会伤人。因为接受别人的好意，才能让别人有成就感、感到自己的价值，反之则会有挫败感。

不欠别人的情有时就是不领别人的情，不领别人的情就会伤了别人的情。

所以有时我们还要学会接受，甚至适当欠欠别人的情，这样反而能加深彼此之间的情感。

—— 点评 ——

和人交往，一怕不对他人付出，二怕不能接受他人的好意。对于前者，大家认识得比较多，但对后者，有认识的人却很少。这份总结，是一篇纠正人际交往片面认识的好总结。

接受的价值在于，让他人有成就感。按照社会心理学的说法，就是"聪明人懂得满足别人的满足感"。别人付出了，你不接受，别人就会有挫败感。不接受别人的好意和付出的人，往往让人觉得不可亲近，甚至会把友情和其他美好的情感赶走。这难道不值得我们警惕吗？

第三章

让我进步最大的自我管理感悟

本章概述

从初中时开始，爸爸妈妈就要求我除完成老师布置的作文外，再写一些文章。他们不是要我写那种抒情式的文章，而是要做"生活的有心人"，将成长过程中的一些感悟表达出来，要求不仅要真实，还要有自己的独立的见解和感受。

从开始时的试试看，到后来越写越有味道，我经历了一个从接受教育到自我教育的过程。其中有不少文章被发表，有的还在《科教新报》等媒体上连载、被《初中生优秀作文选》等选登。

下面几篇文章，是从中挑选出来的，它们共同的特点是：曾经都是让我进步最大的自我感悟。它们记录了一个中学生如何向生活、学习的问题进行挑战，去实现更好自我的历程。也许对还在奋斗过程中的学生们，有一些实际的借鉴价值。因为发生在我身上的事情，也有可能会发生在你身上。

一 要想人前风光，就得人后吃苦

寒假的一个上午，我突然来了灵感，主动写了一篇文章。写完后，我很得意地将文章拿给爸爸看，然后跑到客厅，打开电视奖赏一下自己。

谁知，爸爸看了文章后，把我叫过去，告诉我文章写得不够好，然后指出了好几处地方让我去修改。我一下子像泄了气的皮球一样，既失落又懊恼，心想：本来没事的，我真是自找苦吃。这下完了！于是百般不情愿地坐下，修改起稿子来。

磨了两个多小时，文章终于改完了。这时正好表弟来找我打球，我很高兴，认为可以放松一下了。于是，我一边让爸爸过来看我修改完的文章，一边做好了穿鞋出门的打算。不料爸爸看完后，还是不满意，又指出了新的不足之处。我沮丧极了，想："天哪，怎么还要改？这样下去真是没的休息了！"我让表弟先去，说自己随后就到，表弟却认为我不需要多久，于是决定等我。于是我又坐下来，进行第二遍修改。

表弟等了我好一会儿，看出来我一时半会根本完不了，于是很不高兴，悄悄对我嘟哝了一声："你爸爸真是一个暴君！"然后自己抱着球出门了。

看见表弟走了，我又急又恼，想起他跟朋友们在球场上弹跳扣篮、在街上买零食吃的样子，我的心就发痒难忍，恨不得生出两个翅膀飞到他们那里去，再也不管这什么破文章。

但我知道，还真不能不管这"破文章"，否则，自己心里不踏实，也没法向老爸交代。如果我想快点出门打球，只有一个办法——赶紧把文章改好。

既然没有别的选择，那就一心一意地改吧。每改一遍，就让爸爸看一次，不满意又接着改……直到改到第六遍，爸爸的脸上才终于露出了满意的笑容，说不错，可以过关了。

我如获大赦，长长地舒了一口气。看了看墙上的钟，已经是深夜 11 点 50 分了，我这才觉得十分疲惫。可是累归累，心里还是很有成就感。

后来，我将这篇文章向一家报社投了稿，并且很快就被刊登了。之后，这篇文章又被《初中生优秀作文选》选登。这让我当时在班上小小地红了一把，老师还把我的文章贴在教室后面的墙上供大家学习。

后来表弟看我的文章上了报纸和杂志，露出了羡慕的神情，问我文章是怎么写出来的。想起当初改稿时的情景，我对他说：就是那天你邀我去打球，我没有去，花了一整天改出来的那篇文章啊。他摸了摸脑袋，说了句很牛的话："如果能写出这样的文章来，我宁可一个月不去打球。"

这次经历给我一个很深的体会：

要想在人前风光，就得在人后吃苦。

在当代社会，哪个青少年不想在众人面前风光，领受掌声、鲜花与羡慕的眼神呢？但是，你可知道：除非你愿意付出，尤其在没有人监督的"人后"，舍得付出数倍于他人的汗水，否则，你怎么能赢得这种人前的风光呢？

1.要舍得在别人享受的时候自己主动吃苦

在前面说的那个故事里，我放弃了一天的休息时间，全部用在修改文章上。就算表弟来找我打球，就算我知道他们在享受着打球的快乐，享受着零食的美味，我还是一遍又一遍地修改着文章。

虽然这样做很枯燥，但正因为我在别人享受的时候，主动找事做、找苦吃，我最终才有机会体会到修改出好文章所带来的成就感。

要想做一个成功的人，就得跟一般人不一样。当一般人在放松、享受的时候，总有一些人却在主动选择吃苦，提升自己。这些人，往往都会脱颖而出，大家所看到的风光，也一定会在这些人身上。

2.在没人监督的情况下自觉吃苦

所谓"人后"吃苦，强调的是在没人监督的情况下，能够自觉吃苦。

我很喜欢这么一句话："一个能够成功的人，永远不需要有人盯着他做事。"

这句话也曾给过我很大的帮助。

在美国当交流生的时候，我一边学习，一边准备托福考试。因为学校的功课很紧张，我每天用来准备考试的时间并不多。眼看着考试一天天临近，我知道必须竭尽全力去复习。当时我一个人在国外，并没人监督我复习，如果想偷懒，我可以给自己找无数个理由。但每当想起这句话，我就会打消想偷懒的念头。

为了抓紧时间复习，我拒绝了不少同学外出的邀请。同时，为了锻炼自己的听力，我把手机里所有的歌都删掉了，然后把听力材料拷了进去，只要有时间就反复听。经常有同学过来抢我的耳机听，想看看到底是什么歌让我如此着迷，听过之后，他们都会很吃惊，用"异样"的眼光看着我，仿佛我是个怪物。

这样的日子持续了一个多月，虽然失去了不少玩耍和放松的乐趣，但我也在考试中获得了不错的成绩。我觉得这是对自己最大的肯定和奖励。

一个人在国外，没人管，应该是最容易放松的，只要我想，肯定可以想玩什么就玩什么。但如果真正明白了自己要什么，那么即使没人监督，也会自己主动去抵挡来自外界的一些诱惑。而最快的成长，往往就来自于没人监督，自己能够监督自己。

3.越能"加码吃苦"，越能"人前风光"

懂得主动、自觉吃苦的人，肯定会比一般人更加优秀，更加风光。但即使在这些人中，吃苦的程度不一样，风光程度也会有所不同。

越能给自己加码吃苦的人，越能风光。因为付出得越多，自然收获也会越多。

我们来看一个李连杰的故事。

很多人都对李连杰在银幕上的形象非常熟悉，但又有多少人知道他这身帅气的功夫背后付出了多少汗水和努力。

李连杰从小就在武术队训练。一次，他的教练指导他练习旋风腿，这个动作很难，尤其连续做起来，难度更大。当时李连杰刚刚伤愈不久，而且由于他个子不高，腿也不长，动作做起来怎么都不到位，于是他给自己找借口说："还差一点点就成功了。"

教练听了非常生气，对他说："差半点都不行，加练500次！"

这句话让所有队员都吓了一跳，因为平时加练，最多也只有300次。没办法，李连杰只好一次次练习。练到350次时，他已经累得开始眩晕了。

有队员想要去扶他，但被教练制止了。李连杰只有忍着眼泪继续练，当练完500次时，他累得一下子倒在了地上。

但也就是从那天起，李连杰把"差半点都不行"当成了自己的行为准则，每次训练都给自己加码。别人跑 10 圈，他就跑 15 圈；别人压 300 次腿，他就压 500 次……甚至最后教练都开始担心他运动量过大，而不得不限制他。

正因为李连杰的自我加码，他的成绩一直很出色，小小年纪就获得了很多荣誉：11 岁夺得全国武术比赛少年组的冠军；12 岁夺得全国武术表演赛成年组全能冠军；1979 年第四届全运会，他在双腿膝盖受伤，一动就痛如刀割的情况下，还夺得武术男子全能冠军。

李连杰的成就大家有目共睹，在电影里他帅气的功夫也让大家都很羡慕。而他的成就，和他从小就懂得比别人多付出，自己给自己加码是分不开的。

我们不能只想着风光的好，更要记得，风光的背后，要怎样付出，才能品尝到比别人更甜的成果。

点评

人前风光谁都爱，但人后吃苦却不见得都情愿。这就是人性的缺点，你能悟出"人前风光"与"人后吃苦"的关系，并自觉战胜上述缺点，其实在某种程度上抓住了成功的秘诀。

其实，奋斗与享受的关系，就如赚钱、存钱与花钱的关系。花钱是愉快的，要花钱，你得能赚钱、存钱。所以，要让生命精彩，就要先在"生命银行"中多储蓄一些奋斗的"存款"。

还有一点格外值得肯定：就是意识到"要舍得在别人享受的时候自己主动吃苦"、"在没人监督的情况下主动吃苦"，而且还要"加码吃苦"，这样就能让自己比他人更主动付出、多多付出。

当然，所有这一切付出都是格外值得的，因为符合这一法则——

这世界没有白吃的午餐，也没有白流的汗。

二 棉花堆里磨不出好刀来

有一年寒假，爸爸要我跟他一起学打坐。可能你会说，我又不是和尚，没事打坐干什么？我爸爸让我这么做，自然是有原因的。

按照爸爸告诉我的"标准姿势"，我将双脚交错放在腿上。结果刚一放上去，我就痛得哇哇大叫，而爸爸则在一旁大声鼓励我："坚持住！坚持住！"就是不让我放下来。

我的双腿就像被刀刮、针刺一样地疼，十几分钟后，我的腿开始麻木，仿佛被寒冰封冻住了一样，都快感觉不到血液的流动了。我几千几万次想放下腿，可是爸爸说无论如何要坚持到他说停才能停。我不得不咬牙强忍着。不知过了多久，我终于战胜了疼痛，战胜自己想要把脚放下来的想法，真的坚持了下来。

经过一次次打坐，我渐渐适应了这种痛苦，不仅身体越来越好，而且越来越有成就感，因为我战胜了自己想要贪图舒适的念头，锻炼了自己的意志力和吃苦精神。

这时候我才明白，爸爸要我打坐，其实是想让我明白一个道理：人不能总想着舒舒服服地做事，因为棉花堆里磨不出好刀来。

1.只有不断挑战自我，才有机会超越自我

每个人都希望能超越自我，让自己做得更好，但真正能超越自我的，却并不太多，这是为什么呢？

因为超越自我是一个很痛苦的过程，就像磨刀石磨刀一样。但这样的过程又是必要的，因为磨刀的过程虽然痛苦，但磨完之后，刀却会因此变得更加锋利。

不吃苦就想成功，就像想在棉花堆里磨出好刀一样，都是不可能的。

在美国当交流生的时候，我选了一门举重课，目的是想把身体锻炼得更强壮。

第一堂课，教练要求我做卧推，看我能推举起多重的杠铃。我测试了一次，因为力量挺小，使尽全力也只能推起70磅。看了这个成绩，教练有些失望，说："你还有的是要努力的地方。"

于是我给自己定了个目标：每次上课都尽可能增加一些重量。一开始是75磅，接下来目标变成80、90……不管推不推得起来，我都会试着去挑战。如果失败了，我便会在家里练习俯卧撑来提升力量……到最后，我竟然能够推起135磅的杠铃了！

举重课的成功，让我有两点收获：

第一，人的思维有时会阻碍自己前进。

畏难可以说是人的天性，尤其是做一件有挑战性的事情

前，大家都会觉得有些害怕，因为不知道自己是否能够成功。

从另一个方面来说，挑战一件难事，意味着自己肯定要吃苦、要付出代价去提升自己，而吃苦的事情有谁愿意去做？谁不想图个舒适呢？

再看看我举重课的一次难忘体验：

在做平躺上举杠铃的训练中，本来我举的杠铃两端各有20磅的杠铃片，这样的重量对我来说不算轻松，但也不吃力。这时举重老师过来，让我把两边换上30磅的杠铃片。我的第一个念头是自己肯定不行，于是对老师说，两个20磅的杠铃片已经让我感到吃力了，我不可能举起60磅那么重。但老师让我别想那么多，坚持试试，并且告诉我他会在旁边保护我。

既然如此，那就试试吧！老师让我什么都别想，也别注意什么重量，只管举就是。然后我深吸了一口气，取下杠铃，拉到胸口，然后往上一推——意想不到的事情发生了，我竟然举起来了！我当时的喜悦真是没办法用语言来形容！

老师把我拉起来说，"好样的。你看，只有不断挑战自我，才有机会超越自我，人的思维有时是会阻碍自己前进的。"

这也让我明白了一个道理，所有局限，都是从自我设限开始的。所以有时候，思维是一个骗子，会因为你没有经验，而告诉你做不到。而此时你最应该做的，恰恰是不管三七二十一，做了再说，说不定反而成功了。

第二，人们往往想得到幸福，却讨厌追求幸福的吃苦过程。

　　幸福就像挂在高高树上的甘甜椰子，人人都想摘下来品尝里头的汁液，但很多人却不愿意花力气去爬这棵树。

　　然而，如果不花力气爬上去，又怎么能摘到椰子呢？

　　跟大家分享一下我写这本书的感受：

　　在写这本书时，我也是内心受尽了煎熬，因为写稿真是件累人的事，何况我还是个理科生。有一天，我从中午吃完饭就开始写稿子，为了完成当天我给自己布置的任务，我一直写到了晚上 11 点半。

　　在写作的过程中，我无数次想把电脑关上，跑到外面和朋友们疯玩一阵，或是倒在床上呼呼大睡几小时。但我知道不能这么做，因为一旦这么做了，我就不可能写完当天的那部分。

　　等到终于写完之后，我心里有一种说不出的快乐。如果不吃那点苦，那我肯定没办法按时完成稿子，也肯定享受不到这样的快乐。

　　如果明白了没有吃苦的过程，就不会有甜美的结果，或许，我们就不会再把付出和努力当成一种煎熬和痛苦，反而会享受这样的过程。

2.千万不要当"草莓族"

　　我们身边，经常能见到这样一些人：

　　遇到一点小挫折，比如考试失利、竞选失败，或是家长老师批评等等，就会受不了，觉得自己被否定，有的一蹶振，有的甚至会做出极端的事情。

比如当年震惊全国的马加爵一案。马加爵其实本性并不差，但就因为他受不了所谓的同学对他的欺负，受不了那种被人看不起的感觉，才对室友大下杀手。

对这类经受不了一点挫折的人，有一个很形象的比喻——"草莓族"。

"草莓族"多用来形容 1981 年后出生的部分年轻人，说的是他们就像草莓一样，尽管表面上看起来光鲜亮丽，却质地绵软，稍一施压就抵抗不住，变成一团稀泥；他们疙疙瘩瘩的外表也挺有个性，所以跟他们相处需要非常小心。

而"草莓族"最大的特点之一，就是受不起挫折。

有一年暑假，老师安排我们做社会调查。我到了位于北京望京地区的一家公司进行调研。在和该公司的人力资源总监交流的过程中，得知他们在面试求职者时，会有意识地安排一个环节——让求职者受点挫折。

有一位求职者，开始时表现得不错，总监问了他一些关于这个职业的问题，他都能回答上来。但当总监问一些深层次的问题时，他回答不出来了。于是总监为了测试一下他承受挫折的能力，有意提了几个比较尖锐的问题，他开始时是申辩，最后恼羞成怒，竟然在语言上攻击起总监来，和先前的表现判若两人。结果自然不用说，他肯定面试失败了。

其实，作为年轻人，毕竟经验有限，有不懂的地方也很正常，只要坦坦荡荡地承认，并表示出自己愿意虚心学习的态度就可以了。完全没必要因为这点小挫折就承受不了，甚至觉得伤了自尊。

在谈到这个案例时，总监跟我分享了一个观点："不要怕自尊心受挫，也许受挫正是考试的一部分。"这也让我想起比尔·盖茨写给大学生和中学生的 11 条忠告中，有这么一句话："这世界并不在乎你的自尊，它希望你在自我感觉良好之前有所成就。"

3.宁坐硬板凳，不坐软沙发

著名作家刘墉在一本书中写道："一个坐沙发得 B 的学生，坐硬椅子往往可以得 A。"

我很喜欢这句话，因为它告诉了我们一个非常有用的道理——

一个人在逼着自己吃苦的环境下奋斗，肯定比在舒适环境下所取得的成绩要好得多。

在舒适的环境中，不仅难以得到锻炼，还容易变得娇气。相反，"宝剑锋从磨砺出，梅花香自苦寒来"。只有在吃苦的环境下，才能磨炼出出色的人才。因为人人都可能受到"软沙发"的诱惑，但优秀的人却能意识到"软沙发"的负面作用，于是会自觉抵制这样的诱惑。

在学习《岳阳楼记》时，老师给我们讲了作者范仲淹的一个故事——

　　范仲淹青年时，在南都学舍读书，因为贫寒，他将两升小米煮成一锅粥，经一夜凝结成块后，再用刀划成四块，早上、晚上各吃两块，然后割几十根韭菜，就是下饭的菜。他有个同学是留守的儿子，回家后将范仲淹的情况告诉了父亲。留守于是让厨房做了可口的饭菜，送给范仲淹。但范仲淹却并没有吃，而是放起来，直到饭菜腐烂。

　　这让留守的儿子很不解，说："我父亲听说你过得清苦，特意送来食物，你却连筷子都不动，为什么？"范仲淹说："我很感激你们的好意，但因为我吃粥已经习惯了，如果今天吃顿美味佳肴，以后就不愿吃这种粥了。"

　　我们都知道，范仲淹后来成了北宋著名的政治家和文学家。

　　中国有句俗语："人常咬得菜根香，则百事可做。"范仲淹的做法让我很钦佩，能够享受的时候，他却拒绝了，选择继续吃苦。意志如此坚定的人，怎么可能不成大器？

　　其实，"自找苦吃"，就是"自找补吃"，因为通过吃苦，可以为自己的精神"补钙"，让自己更能承担，更能进步。

—— 点评 ——

"自找苦吃",就是"自找补吃",这样的感悟,让人耳目一新,但并非哗众取宠。

不由得想起了一则寓言:人们常常踩着外面的花岗岩去拜庙内的佛像。花岗岩觉得很不公平,于是在夜深人静之时,对佛像抱怨说:"我们都是从一个采石场里出来的。为什么人们总是将我踩在脚底而去跪拜你呢?"

佛像笑了笑说:"这只因为你不经雕琢。人们在采石场雕琢我们时,你被雕两刀就容易散架,因为你怕疼。而我,尽管和你一样疼,但不管历经千刀还是万割我都能忍着,所以人们把我雕成了佛像。"

是的,任何人发展的过程中,都难以避免遭遇痛苦。平庸的人躲避痛苦,优秀的人不怕吃苦。那么,杰出的人如何呢?

他们更是"自找苦吃"。因为他们明白:

给你痛苦的那双手,也许正是成就你的那双手。

成长来自肯定,成熟来自"折磨",成功来自超越!

三　心中有阳光，幸福自会来敲门

——电影《当幸福来敲门》观后感

记得网络上流行着这么一句话："人生就像是一张茶几，上面摆满了杯具（悲剧），当你从其中一个杯具中跳出来，马上又落入了另一个杯具。"

人生确实充满着苦难和打击，于是很多人被这些苦难、打击给击垮了，然后一蹶不振，对生活失去了希望。

看了电影《当幸福来敲门》之后，主角克里斯给我的触动很大，因为从他身上，我明白了，只要抬头向前，阳光总会迎接你。

换句话说，只要以积极的态度面对生活，总能看到生活的希望。

1.积极的心态会给人带来拼搏的动力

克里斯和妻子还有 5 岁的儿子生活在一间出租屋里，妻子在一家工厂工作，而他则靠卖骨密度测量仪生活。然而这种机器并不好卖，价格昂贵不说，很多医生还认为它没有什么用处。

即便如此，克里斯还是得想方设法推销，因为他每个月至少得卖出一台，才付得起房租和儿子在幼儿园的费用。

有段时间，克里斯一直没有卖出仪器。当时家里已经欠了 3 个月房租，而更大的打击还在等着他：妻子离开了他，去寻找更好的生活。

在克里斯的坚持下，妻子将孩子留给了他。为了孩子，他开始努力寻找新工作。

在一家证券公司的门口，他看到从大楼里面出来的人都满脸笑容，不禁想：在这里人人看起来都很幸福，为什么我不能拥有这样的幸福？于是他走进这家公司，争取到了报名参加实习的机会。

然而要想被选上谈何容易——且不说有一大堆人填写了报名表，更糟糕的是，克里斯的学历在这些人里面简直不值一提。可以说，克里斯被选上的机会几乎为零。而即使被选上了，20 个实习生中，最终也只有一个人能继续留在公司工作。

克里斯也知道自己处于绝对的劣势，但他并没有放弃，而是想尽办法寻找一切和上级沟通的机会。有一次在出租车上，克里斯帮上级还原了当时几乎无人会还原的魔方，也因此赢得了上级的留意。

最终，他如愿以偿地获得了实习的资格，由于他表现得非常努力，最终他成功地留在了公司。再后来，他拥有了自己的公司，拥有了几百万的家产。终于，幸福敲响了他的心门。

相信你一定不难发现，在工作中，那些最容易取得成功的人，尤其是那些看似条件很差却获得成功的人，无一不是最有干劲的。他们之所以干劲十足，是因为他们有积极的人生态度，拥有很强的动力，所以他们比别人更容易取得成功。

　　克里斯就是这样一个拥有积极心态，抬头挺胸生活的人，无论条件有多差，不管遇到多大的打击，他总是积极地去寻找生活的"阳光"，而最终，生活的"阳光"也找到了他。

　　这种态度，值得我们每个有着理想追求的年轻人学习。

2.积极的心态让我们勇于面对否定

　　如果克里斯在卖不出机器、妻子离去时失去对生活的信心，如果他不能积极面对眼前的困难，那么他就会让妻子带走孩子，而自己很可能在街边浑浑噩噩度日，根本不可能获得幸福的生活。

　　影片中有一个使我最难忘的情节——在篮球场上，儿子对克里斯说："我以后想当一名职业篮球运动员。"而克里斯马上就否定了儿子，说他做不到。儿子一下子愣了，当时我也一下子愣了：一个爸爸怎么可以这么轻易否定儿子的理想呢？何况他也是一个自己在拼搏的爸爸。

　　然而克里斯接下来的话让我明白了为什么："如果你有梦想，就要守护它。当人们做不到一些事情的时候，他们就会对你说你也同样不能。"原来克里斯是想借这个机会给儿子上一堂课：在我们追求幸福和成功的路上，很有可能遇到他人的否定，甚至是最亲近的人的否定。这时候你最需要的，就是对别人的否定说："不！我一定将理想坚持到底！"

　　是的，人生本来就会有许许多多不如意。但更不称意的是，即使你在努力奋斗，别人还会对你挖苦、打击和否定。如果你屈服于这样的打击和否定，你就很容易被打败，最终一事无成。

勇于对否定说"不"，这是真正的强者。

3.积极的心态是战胜黑暗的明灯

在身陷困难的黑暗中时，你总是渴求光明并希望找到光明，而积极心态就像一双帮助你寻找太阳的眼睛，帮助你抓住成功的机会。

影片中有这样一个情节：当他终于获得实习机会，以为从此可以走向康庄大道的时候，一个消息抹去了他心里的那一点喜悦——实习期间没有一分钱工资。

因为太久没交房租，他和儿子已经被房东赶了出去。实在找不到地方住的克里斯带着儿子睡过公共厕所，也去过很远的一个教堂排队住宿。

到底还要不要这份实习的工作？克里斯也很矛盾。在教堂里，人们唱着一首歌："亲爱的上帝啊，请不要移走这座山，但请你赐给我力量，让我爬上它。"也许因为听了这首歌，克里斯找到了信心。他决定参加实习。

为了熬过没有一分钱工资的实习期，克里斯用卖血换来的钱修好了最后一台骨密度测量仪，并最终将它卖了出去，解决了一时的吃住问题。

与此同时，他在实习时要求自己比别人加倍努力和认真，这使得身为一名处于绝对劣势的实习生的他，不断寻求机会给上级留下一个好的印象，不断给自己创造机会，最终，获得了幸福和成功。

是的，不要抱怨你不幸福。其实，幸福一直在每个人身边徘徊。但只有那些心中有阳光的人，幸福才会来敲门！

—— 点评 ——

一个人的运气，往往与心态有着密切的关系：你拥有积极的心态，往往会有一份光明的命运；你沉溺在消极心态中，往往伴随着一份灰暗的命运。

这，就是中国传统文化中一个著名的法则——"运随心转"。

克里斯的故事，就是通过积极心态改变命运的故事。通过你的分析，我们看到了他如何通过拥有积极心态，去改造命运的过程，并明白一个规律——

不管是成功还是幸福，都是一扇从内到外打开的门。我们之所以不成功或不幸福，往往是因为自己把自己反扣在里面。

你要照亮眼前的世界，先得心中有阳光。

四 聪明人更要下"笨"功夫

刚到美国时，我的英文并不太好。为了尽快提高英语水平，我想了不少办法，比如多找机会和同学交流，老师布置的作文，我尽可能多用以前不常用的词汇等等。

后来，寄宿家庭的妈妈给了我一个建议——读原版的英文小说。这样既能增加词汇量，又能提升我语言表达的能力。我觉得这个方法不错。因为寄宿家庭的妈妈是位作家，于是我请她帮我推荐了几部她认为写得不错又适合我阅读的小说。

刚开始，阅读全英文的小说对我来说是个不小的挑战，有时候短短一段话，我就要查上好几回字典。有些地方，要翻来覆去看好几遍甚至向寄宿家庭的妈妈请教，才能明白是什么意思。

但随着阅读量的增加，我发现自己查字典的次数越来越少。那段时间，我的进步很明显，甚至连美国老师都夸我几乎不犯语法和发音错误。

我用的这种做法，看起来似乎比较笨，但效果却很明显。

中国著名文学家胡适说过一句话：聪明人更下笨功夫。

在很多人看来，聪明人完全可以靠自己的聪明吃饭，为什么还要更下"笨"功夫呢？

在我看来，"笨功夫"其实有特别的含义，那就是踏踏实实打好基础，脚踏实地去努力。

1.聪明诚可贵，认真价更高

不管是聪明人，还是不那么聪明的人，都要懂得下"笨"功夫。但相对而言，聪明人更要下"笨"功夫。为什么？因为聪明人往往觉得有聪明就够了，根本不需要努力。而不那么聪明的人，知道笨鸟要先飞，要求自己下"笨"功夫的意识反而比聪明人更强。如果聪明人不懂得下"笨"功夫，连基础都打不牢，结果就可想而知。

在这方面，我也有深刻的教训。

刚进高中，学校就组织了一场摸底考试。因为考的是初中学的内容，自己初中学得还算扎实，加上对自己的智商充满信心，所以我就没有复习。

等到考试成绩出来，一向自信满满的我顿时傻了眼：全班60多个人，我居然考了第45名!

爸爸妈妈知道了，都大吃一惊。他们怎么也没想到，中考以10A成绩被录取到重点中学理科实验班的我，一开学成绩竟然落后到了这个程度。

我们的班主任章春平是个十分负责的老师。她看出了我的失落，于是特意找我谈话："高中的学习，如果你还没有感觉到苦，那就说明你不够认真。"

章老师向来和颜悦色，说起话来也是那么轻言细语，可她这句提醒，对我无异于当头棒喝，让我认识到仅仅有点聪明是不够的，更不能靠着聪明"吃老本"，如果再不努力扎扎实实学习的话，恐怕将来连倒数第十名都拿不到。

从那以后，在学习上我再也不敢掉以轻心了，开始把"吃苦"当成一种自觉的行为。章老师也不断地鞭策和鼓励着我。这样，我的成绩开始逐渐往上走，在后来的一次物理考试中，我还拿到了全班唯一的满分。

这次经历让我得到了以下几点启示。

第一，越是自认为聪明的人，越需要经常提醒自己：不要因此而不愿意付出努力。

第二，如果不脚踏实地，即使过去有本事，有一天也可能落到谷底。

第三，只有把基础打牢了，才可以取得好成绩。

我们都知道雄鹰可以在高高的天空中翱翔，但尽管雄鹰有很好的飞行天赋，它们却仍然会经常认真梳理自己的羽翼，因为如果羽翼乱了，就会飞不起来。人也一样，应该将每一步都认认真真走好，没有什么成功捷径可走。所以，也许聪明并不能决定一个人有没有出息，而认真却可以改变一个人的命运。

2.多是最牢靠的竞争力

我出国前，有一天，爸爸请了他同学的儿子徐梁吃饭。徐梁哥哥刚刚从美国留学回来，现在在一家有名的外企工作。徐梁哥哥在国内的各科成绩都很好。当我问他当初是怎么学好数学和英语的时候，徐梁哥哥的回答是："没有别的诀窍，只有多花时间。数学多花时间做题，英语多花时间记单词、记语法。"

徐梁哥哥告诉我，虽然他在国内英文学得不错，但真正到了国外，还是花了一段时间才适应。于是我又问他提高自己的英语水平有什么诀窍，他的回答仍然是："没别的，就是多花时间听，多花时间读。"

徐梁哥哥回答我的几个问题时，几次谈到了"多花时间"。这也让我意识到，要想在学习中脱颖而出，"多"是最牢靠的竞争力。

我想起了乒乓球女子世界冠军邓亚萍退役后求学的故事。

退役之后，邓亚萍来到清华大学学习英语专业。第一节课，老师让她写 26 个英文字母，她竟然写了好一会儿才写全。这让老师对她将来的学习很是担忧。

虽然英文天赋不高，但她却并不沮丧。她请老师放心，说自己一定会努力。为了提高英文水平，她每天早上五点就起床背单词，一直背到上课。别人玩的时候，她却总是拿着复读机在跟读。甚至有人跟她开玩笑，说她会把嘴巴磨出茧子。因为太过用功，甚至有一天，她早上起床时发现自己的头发掉了一大把。

终于，她用"多记、多听、多读"这"三多"，换来了成绩的大幅提升，并且获得了去英国留学的机会，最终在英国取得了博士学位。

邓亚萍的故事告诉我们，一个人，即使在某方面算不上聪明，但只要肯努力，一样能取得好成绩。

很多时候，人一生中的好运气，往往是通过"多"来得到的，只要多付出，就一定会有多的回报：

遇到别人时，多问候一声，就可以赢得更多人的好印象，甚至更多的朋友；

平常做作业，比别人多做几道课外题，就会比别人收获更多的解题经验和解题思路；

遇到问题时，比别人多想几步，就能想出更好更圆满的解决方案……

3.把每件简单的事情做好就是不简单

不少聪明人都容易犯一个毛病——好高骛远，特别是对简单的事情不屑一顾，认为无关紧要。

其实，哪怕看起来轰轰烈烈的事情，也都是由一件件小事组成的。换句话说，只有先将每件小事做好，才能成就最终的轰轰烈烈。

前不久，我在一份文摘报上看到关于著名医学家、中国妇产科学的主要开拓者之一的林巧稚的故事，很有感触——

曾经有一批协和医学院的见习医师到协和医院妇产科实

习。导师林巧稚要求每个人完成 10 例初产妇分娩全过程的观察，并用英文写出完整的产程病案。学生们仔细观察和记录了分娩的全过程，林巧稚一份份看过后，只在一个学生的作业本上批了"good（好）"，其余的则被全部退回要求重做。

于是这些学生更加认真地观察和记录，但对此林巧稚依旧不满意。

到底怎么回事？于是这些学生找来被批"good"的那位同学的作业，对照之下发现，那位同学的病案记录上，只比其他学生多写了一句话："产妇的额头上冒出了豆粒大的汗珠。"

或许很多人会觉得，就这么个不起眼的小细节，记录下来能有多大的用处？但看完下面林巧稚的这个故事，你或许就会明白，为什么细节如此重要。

林巧稚曾经接诊过一位叫董莉的孕妇，当时她被检查出宫颈有乳突状肿物，初步诊断为宫颈癌。通常的做法，就是要尽早动手术切除子宫，以防癌细胞扩散。

但如果这么做的话，董莉就会失去肚子里的孩子，同时一辈子也不可能再怀孕了。

按照一般人的做法，既然已经做出诊断了，那么就赶紧动手术吧，这样患者不会说什么，自己也不用承担责任。但林巧稚拿着手术方案，却迟迟不肯签字。她通过对孕妇的观察，结合自己多年治疗的经验，觉得董莉患的可能不是宫颈癌。

如果万一猜测错误，让患者错过了最佳治疗时机，那她要承担的责任可想而知。但林巧稚顶着巨大的压力，一次次认真给董莉做检查，不肯放过任何一个细节，同时不断查阅国外的资料。最终，林巧稚确诊这只是一种特殊的妊娠反应，不需要做手术。

最终，董莉顺利生下了一个女婴，而她的宫颈肿物也自然消失了。几年后医学界也得出结论，像董莉出现的类似症状，只是一种特殊的妊娠反应，并不是真正的肿瘤。

而董莉的孩子，因为是在林巧稚的守护下出生的，被取名为"念林"。

这件事给我很大的触动。因为我的理想是做一个优秀的科学家或工程师，我想在我将来学习和工作的过程中，我也得如此重视细节，精益求精。

我曾从报纸上看到，海尔集团的 CEO 张瑞敏有句名言："什么叫作不简单？能将一件一件简单的事情做好，就是不简单。"而林巧稚的故事，也让我看到了什么才是真正的不简单。

不要因为小事小，就不屑于去做它，因为所有的"大事"，也都是由一件件小事积累起来的。小事做不好，当然也就做不成大事。举个最简单的例子，每一个优秀学生，都是通过背单词、记规律、反复做练习题等等这样最基本的小事积累起来的。

聪明人更应下"笨"功夫。看起来是"笨"，其实恰恰显示了成功的规律，也显示了真正的智慧。

—— 点评 ——

聪明人是与"笨"对立的。提出聪明人更应下笨功夫，看起来十分矛盾，但恰恰符合辩证法。这里强调的是，不管做任何事情，都要踏踏实实，打好最扎实的基础，因为"基础不牢，地动山摇"。

"多是最牢靠的竞争力"，看来也是一个"笨法则"，但恰恰又是一个实实在在的智慧法则。这就是农民式的"田头哲学"：几分耕耘，几分收获。你给土地付出多少汗水，它就回报你多少收成。

这其实又带来一份关于自信心的全新认识：真正的自信，不是"我行我行我一定行"，而是"别人行，我付出同样的努力就一定行，我付出更大的努力就更行"。

"聪明人更应下笨功夫"，也让人想起曾国藩的名言："天道忌巧，天道忌盈，天道忌贰。""忌巧"是忌讳投机取巧，"忌盈"是忌讳自满，"忌贰"是忌讳三心二意。据说这是曾国藩为人处世的基石，也是他思想的精华之一，至今依然值得我们借鉴。

五　学会理直气和

当和别人发生矛盾、自己又有理时，很多人都会理直气壮，甚至得理不饶人。

理直该不该气壮呢？有时为了捍卫真理和正当的权益，我们的确需要据理力争。但有时候，它却未必能达到理想的效果。

先看一个我自己的故事。

那是上小学四年级时的一个晚上，我正坐在沙发上津津有味地看电视，忽然听见房间里传来一声清脆的声音，像是什么东西打碎了。我立即跑到房里，看见表弟正在地上捡我的水杯碎片。

这下子我明白了：表弟打碎了我最喜欢的水杯！我问："你怎么搞的啊？打碎了我拿什么喝水啊？"表弟慌忙道歉说："我在做作业，一不小心，就打……"没等他说完，我就吼道："那你就不能小心点啊，你眼睛长哪去了？"

就这样，我们俩吵了起来。这时，妈妈进来了，问："你们吵什么？是不是哥哥又欺负弟弟了？"我气鼓鼓地说："谁欺负他了！是他把我的水杯打碎了，你应该骂他才对！"

妈妈说："就算你是对的，也不应该冲弟弟大吼啊。这样，即使是你有理，也会变得无理。水杯打碎了再买一个就是，因为这点小事和弟弟伤了感情，你觉得值得吗？"

妈妈的质问让我一下子觉得有些羞愧，是啊，就因为一个杯子和一向感情很好的弟弟产生矛盾，的确是得不偿失，幸好妈妈提醒我不能够得理不饶人。事后我跟弟弟道了歉，俩人的感情也因此比以前更亲密了。

经历过这件事，后来不论是和表弟，还是和周围的人产生了矛盾，我都会尽量心平气和地去沟通。结果发现，有时候这样做，反倒比理直气壮地和别人争吵更容易解决问题。

因此在很多时候，即使理直，也不必气壮，也许理直气和更好。

为什么要学会理直气和呢？

1. 当你有理由时，不妨想想别人是否也有理由

有个叫张雅灵的姐姐，曾经给我讲过一件事，让我非常难忘。

那是她刚上大学不久发生的一件事。她们宿舍一共有6个人，大家都来自不同的地方。其中有个叫小丽的同学，因为来自农村，家庭条件也不好，因此非常珍惜上大学的机会，读书特别用功，每天天没亮就起床学习，晚上12点往往还在看书。

本来读书用功是件值得肯定的事，但没想到小丽的做法却引起了其他室友的不满——因为不管是起床还是睡觉，小丽每次都会乒乒乓乓弄出很大的动静，吵醒寝室里的其他人。于是大家委婉地提醒小丽注意一点，没想到小丽不仅不接受，

还觉得伤了自尊，于是生气地说："我以前在学校就是这样的，谁都没说过什么，还经常得到老师的表扬。"

听了小丽的话，有个室友也忍不住生气地说："以前是以前，现在是现在。以前你那些同学不在意，并不代表现在我们也不在意。"

为此，小丽哭了很久，觉得自己受了很大的委屈："我是从农村来的，那又怎么了？我并不比你们城里人差！你们城里人不爱学习不求上进也就算了，难道就因为你们是城里人，就有资格来批评教育我吗？"

而其他室友也觉得愤愤不平："一天到晚乒乒乓乓，吵得我们休息不好，而且说了还不听。像她这种只想自己、不考虑别人的人，我们凭什么就该默默忍受！"

这样的事情，可以说小得不能再小，但别看它小，却经常在我们身边发生。如果解决不好，小事情就会引发大矛盾，甚至成为人际交往的大障碍。

其实，不管是小丽还是室友，都有自己的道理。但如果都只站在自己的角度出发，那么就会觉得错都在对方身上，也就不可能化解矛盾。

假如室友能站到小丽的角度，想想她的不容易，看到她刻苦学习的闪光点，在提出意见之前，先对她进行充分的肯定，然后再以商量式的口吻向她提出意见："你看，你起床和睡觉的时候，也正是我们大家睡得最香的时候，你觉得如果能够动作轻一点，不影响大家的睡眠，是不是会更好？"那么小丽就会觉得自己是被尊重和理解的，自然就容易接受大家的意见。

同样，假如小丽能够站在大家的角度，想想睡得正香的时候被人吵醒，确实是件让人觉得不愉快的事，那么也就能够心平气和地反思和改正自己的行为。

后来，通过这件事，张雅灵姐姐以加强寝室和谐为主题写了篇文章，发表在了《中国青年报》上。文章中她总结出了很好的一段话——

　　要创造和谐，就要学会换位思考，一定要明确：自己的理由固然充分和重要，但是不是也要想想别人也有他（她）的道理？你希望别人适应你，但你也是否想到了要学会适应别人？

的确，只有这样，我们在理解别人的同时，才能让别人更好地理解自己。

2.比起理直气壮，理直气和更能促使人改变

爸爸曾经给我讲过一个他中学提高成绩的故事。

爸爸有个一辈子难忘的物理老师廖加林，不仅书教得好，为人也十分好，很受学生喜欢。尤其他对当年经常生病的爸爸

十分关心，所以爸爸对他的感情也格外深。

不知道为什么，有段时间，爸爸班上的同学们没有好好学习，结果物理考试成绩一公布，全班竟然只有三个同学及格。

这下，大家都认为会被老师狠狠地骂一顿。但谁也没想到，老师只是站在讲台上，将教室里的所有学生缓缓扫视一遍，然后以很平和且低沉的语气说了一段话：

"你们生在这么好的一个时代，有书却不知道好好读，真是身在福中不知福啊！想当年我们在'文革'中遭受迫害，哪里有书读？"接着长长地叹了两声气，继续讲课。

尽管没有一句重责的话，但老师看似平和的话语和那两声长长的叹息，却让全班所有的同学都低下了头，每个人脸上都感觉火辣辣的。爸爸更是觉得，自己要是不好好学，那么就真的对不起这个老师，对不起这个时代了。

想起老师平时对自己的关心和期望，爸爸觉得老师的话比骂他更难受，于是下课后他一个人跑到教室的外面躲起来，偷偷哭了一场。

从那以后，爸爸发奋学习，以至于后来两个学期，每次物理考试他都是满分。不只是爸爸，很多同学也受到了震撼和激励，物理成绩都有了明显的提高。

本来考那么差，老师有足够的理由责骂大家，甚至暴跳如雷也不过分。但他却没有这样，只是心平气和地教育大家，反而起到了最好的效果。

这也告诉我们：

理直气壮，或许可以让人口服，却未必会让人心服；而理直气和，往往不仅能让人口服心服，还能让人自觉自愿地改正缺点和错误。

3. 理直气和能创造奇迹

有一次，我在爸爸的单位，正好遇到新加坡的纸业大王黄福华先生跟大家分享他的成功经验。他的一段经历，让我特别难忘——

有段时间，纸张的市场价格时高时低，很不稳定。一次，黄先生的公司在纸张价格比较高的时候从挪威进了一批货。因为当时遇上石油危机，船运特别紧张，货物只能经由英国伦敦转运。

由于种种客观原因，船只在海上耽误了6个多月的时间。这下可好，纸张的市场价格又降低了不少。

有人建议他们不要这批货物了，原因一方面是这批货物的送货日期早过了，他们完全可以理直气壮地拒收；另一方面是纸张的市场价格降低了，会造成高达10万新币的损失。

但是黄先生并没有这样做，而是按原价收了货。很多人都认为他这样做很傻，但恰恰因为这件事，却给黄先生带来意想不到的收获。

通过这件事，挪威的厂家觉得黄先生人品很好，于是不仅自己加强了和黄先生的合作，还给黄先生介绍了很多优质的客户，让黄先生的公司在西欧打开了很好的市场。

本来，为了维护自己的利益，黄先生完全有理由拒收这批货。但他并没有这样做，而是宁可牺牲自己的利益，也要尽量维护合作者的利益。这样合作者自然也会反过来给黄先生帮助，让黄先生赢得了更多的机会和财富。

黄先生这种得理且饶人的做法，也充分说明——

人不仅是一种理性动物，更是一种感情动物。与人打交道，不仅要学会以理服人，而且要学会以情动人。你帮人一尺，人帮你一丈。你在重视情感投入的同时，也会在不知不觉中创造一种人生或者工作的奇迹。

著名作家刘墉说过："理不直的人，常用气壮来压人。理直的人，要用气和来交朋友。"

的确，理直气和，不仅是一种修养，同时也是让我们获得良好人际关系不可缺少的途径。

— 点评 —

人们都知道"理直气壮"，你在肯定有时可以理直气壮的同时，又提出在许多情况下，更应理直气和。这不仅让人耳目一新，也蕴含着人性的智慧。

人人都需要被尊重，哪怕犯了错或者观点错误的人，也需要被尊重。很多时候，人们不接受你的意见，并不是因为你的意见不对，而是因为他不接受你这个人，准确地说，是因为不接受你那种高高在上的态度。这时，理直气和就显得重要了。

我们不妨学习一下原全国政协主席李瑞环在《学哲学用哲学》一书中的精彩观点：

"坚持原则不简单生硬，以理服人不强加于人。"

六 千回生气，不如一次争气

几年前的一个春节期间，我看了中央电视台《百家讲坛》做的于丹教授的一期节目《论语感悟》。其中有一句话让我眼前一亮：

"真君子从不攻击他人，只会拓展自己。"

仔细想想，在我们的生活中，像这样的"真君子"还真的不多！

于丹的话，进而给我一个启示：千回生气，不如一次争气。

1.生气无济于事，而争气会使人不断地进步

这让我想起了爷爷的故事——

由于家境贫寒，爷爷 13 岁才去上学，而且直接上二年级。爷爷很聪明，二、三年级每次考试都是班上第一名。

老师于是便建议他直接去上四年级下半学期的课程，爷爷答应了。一次地理课，地理老师问爷爷："中国有几座大山？最高的是什么山？"这是四年级上半学期的知识，爷爷没学过，当然不知道。

于是老师拿起粉笔，在黑板上画了个盘子那么大个的"鸭蛋"，意思是爷爷的"回答"只能打零分。这让爷爷很伤心，一下课，爷爷就忍不住大哭起来。

这时，班主任走进来问清了事情的原由，便对爷爷说："你不用觉得委屈，地理老师这样做不是为了取笑你，而是为了激励你！"

爷爷转念一想，觉得班主任老师说得对，只要自己加倍努力，就不怕老师再问倒自己了。到了期末，在 65 个同学的班上，爷爷又成了成绩最好的学生之一。

其实，每个人都难免遭遇各种打击，很多人这时都会觉得不公平和委屈，于是就会生气、抱怨，但爷爷的做法却是选择争气而不是生气。生气的后果往往就是消沉，直到自己有一天真的像别人预言的那样"就是不行"；而争气则正好相反，你说我不行没关系，总有一天我会通过努力证明给你看"我能行"。

2.生气可能会使你感到一时的痛快，而争气会满足你的长远利益

爸爸小时候酷爱读书，但因家境贫寒，根本买不起书。有一次，爸爸好不容易得到了一本《三国演义》的上册，这让爸爸爱不释手。

这时同村一个比爸爸大的孩子看到了这本书，于是对爸爸说："我有下册的《三国演义》，不如我们换着看吧！"爸爸答应了，并且把书借给了他。可几天过去了，他既没有还爸爸的书，也没有按承诺将自己的书借给爸爸。

于是爸爸去向他要，他不但不给，还说自己根本就没拿爸爸的书，甚至还打了爸爸。尽管很伤心，但爸爸并没有向爷爷奶奶告状，而是暗暗下决心，一定要发奋，以后要买得起无数本《三国演义》。

从那时起，爸爸更加发奋读书，终于考上了重点大学，毕业后成为了一名出色的记者，再后来他拥有了自己的培训机构。

而骗爸爸那本《三国演义》的人，到现在还在过着"小混混"的生活。

3.争气能够变生活中的"阻力"为"助力"

在美国上消费经济课时，老师给我们分享了一个香港领带大王曾宪梓的故事。

曾宪梓刚做生意时，到一家西装店去推销自己的领带，但他还没说几句话，就被老板骂出来了。他当时很生气，可又一想，是不是自己什么地方做得不对？

于是，第二天他在咖啡店要了杯咖啡，然后端到西装店去向老板道歉。

西装店老板一见又是他，刚想发火，可曾宪梓说："我今天是特地来向您道歉的。我想请您告诉我，昨天我有什么地方做得不对？"

一看曾宪梓的态度那么诚恳，老板的气一下子消了大半：

"你知不知道，你昨天来推销的时候，我正在和别人谈生意，你一来，差点被你给搅和黄了。你说我能不生气吗？"

原来是这样。曾宪梓于是再一次向他道歉。老板一看他那么谦虚，不禁对他产生了好感，一番交谈之后，他提出让曾宪梓将领带放在自己店里出售，并且还将他介绍给了自己的一些生意伙伴。

曾宪梓也由此打开了领带的销路，最后成了"领带大王"。

曾宪梓的故事告诉我们：遇到别人的指责，以"生气不如争气"的心态去面对，并诚恳地检讨自己的不足，能让拒绝你的人变得接受你，能让讨厌你的人变得喜欢你，能让否定你的人变得认可你，甚至让反对你的人反过来帮助你。

—— 点评 ——

青少年在遇到某些所谓"不公平"的事后，很容易生气，甚至"怒火填膺"。但是发怒的后果，往往不尽如人意，甚至会遭受更大的羞辱与痛苦。这时候，就得反思这样的生气是否值得了。

其实，生气往往只有负面功能，而争气，则充分具有正面功能。

其实，成长需要建设性的力量，即使遇到否定与打击，也不见得完全是坏事，它能促使你上进，促使你不断改进自己以变得更强大。

　　抱怨不如努力。优秀的人，总是能将生气的负面功能，转化为争气的正面功能。

七 放弃是唯一的失败

如果我们分析一个人失败都有哪些原因，缺乏坚持恐怕是最重要的原因之一。这其实牵涉到对意志力的管理。假如能在困难中决不放弃，就更容易获得成功。

那么，我们该如何强化意志，学会坚持呢？

1.假如你不向懦弱的自己屈服，就没有人能让你屈服

2012 年暑假，当妈妈问我有什么计划时，我告诉妈妈，我最想去老家有"天下第一漂"之称、号称世界上落差最大的"连云山漂流"再漂流一次。

听了我的话，妈妈很是惊讶，说："那年暑假你不是因为害怕而没有漂完吗？你记不记得你当时在船上是怎么说的——'这辈子再也不玩什么漂流了'。怎么现在又想去了？"

听老妈旧事重提，我不禁有些不好意思，于是说："正是因为上次半途而废了，想起来就不甘心，所以才想再挑战自己一把。"

记得上次去漂流，是 3 年前的暑假。那时"连云山漂流"刚开发出来不久，听邻居家的哥哥去过之后回来吹嘘怎么怎么刺激，我也不禁心痒痒的，于是便央求老妈也带我去玩一次。老妈拗不过我，最后终于答应了。

一到漂流地点，我的心就别提有多激动了，恨不得马上

穿上救生衣坐到船上去。

没开始漂流之前，我就打听好了，全程大约需要 1 小时 40 分钟。我当时想，才那么点时间，也不知道能不能玩得尽兴。

结果等到真的开始漂流，从第一个十几米高的落差落下去之后，我就脸色惨白地在心里暗暗叫苦：天哪，为什么是 1 个小时 40 分钟，而不是 14 分钟啊？

因为我和妈妈同乘一条船，一路上，妈妈怕我受伤，总要留心照顾我，而我也担心妈妈会抓不稳，也要时时想着保护她，加上越到后面越危险，我心里越来越害怕，尽管我在心里一直给自己鼓劲：加油，一定要坚持到最后。但最终还是打了退堂鼓——没等到终点，就和妈妈上岸了。

上岸后，当得知再过一刻钟左右就能到达终点时，我十分懊悔，就差这么一点点，自己怎么就没能战胜内心的恐惧呢？

所以这次漂流，我给自己订了个规矩：不准停下，必须一口气坚持到底。

这次，我跟表弟坐一条船。一上船我们就一个劲儿地往前冲，水冷也好，坡急水湍也好，我都努力让自己做到视而不见，因为我不想再向那个懦弱的自己屈服。一路上，磕磕碰碰还真不少，好几次我们的船都卡在石头中间动不了了，甚至有一次我们还翻了船，我和表弟都被灌了很多冰冷的河水，我的后背还重重地撞到了石头上，胳膊和腿也被树枝划破了好几处。但我们还是坚持了下来。

当到达终点时，我惊讶地发现，在同时起漂的100多条船中，我们竟然是第一个到达的！等我和表弟上岸洗完澡换好衣服，吃着烤玉米，悠然地在河边坐了40多分钟，第二条船才抵达终点。虽然我们只是拿了一个没有奖励的第一，但内心仍然有很大的成就感。

两次漂流让我认识到：每个人的身体内，其实都有一个懦弱的自己，总会时不时跳出来，试图让自己向困难妥协。如果自己毫无觉察，任由懦弱的念头作祟，是非常可怕的。我们只要不向自己的懦弱屈服，就不会畏惧外界的困难，自然也没有谁能让我们屈服了。

2.只要坚持走，就会有希望

在美国当交流生时，历史老师对我们说过一段话："当你觉得学习有困难，不知道怎么才能学好时，你要想象：你现在在一个黑漆漆的山洞里走，你害怕走不出去，想要放弃。但我要告诉你的是，接着走下去，总有一天你会看到外面的光亮！"

也就是说，在看不到希望的时候，不要放弃，而是坚持。

这让我想起几年前看过的一篇文章，写的是著名作家毕淑敏如何战胜自己的故事——

1970年，毕淑敏成为了去西藏阿里部队的第一批五个女兵中的一个。当时，就算在冬天最冷的时候，她们也要出去拉练，穿越无人区。作为女兵的她们，要背负 70 千克重的装备，一天行进 60 千米，翻过海拔 6000 米的高山。

想想那时她才 17 岁，比我现在还小呢，而且是个女孩子，要做到这些真不容易。

毕淑敏在文章里写道："从早上开始，我心里就特别恐惧，到下午 4 点，才走了一半路程，我就决定自杀了。我再也走不了了，我不能让所有的感官感受全部的痛苦。我觉得我肺里吸不到一点氧气，当时暮色四合，高原的夜晚来得非常快。我不想活了，我决定死。我要找一个悬崖，岩石一定非常狰狞，不摔则已，一摔就得摔死。"

当毕淑敏攀上了很高的悬崖后，她最终还是没有跳下去，因为她不想拖累别人，也许是出于求生的本能。后来她遇到了收容队，并被告之，"你如果不快点走，你今天必然会冻死在这个山上"。毕淑敏艰难地抬着脚，一步步走完了最后几十里路，终于到达了宿营地。

后来，毕淑敏成为了医生和著名的作家。再后来，毕淑敏决定去大学读心理学硕士。

她读硕士时，遇到了不少困难，在班上成绩也不算很好。当时的她非常自卑，对自己一度丧失了信心。但她是一个早在 17 岁时就学会了决不放弃的人。在她的坚持和努力下，她最终取得硕士学位，并且成为一名优秀的心理咨询师。

　　或许，毕淑敏想要放弃学业时，有可能就是想到了当年她打消自杀念头、坚持走到营地的故事，她才再一次明白过来，只有不断坚持，最后才能看到希望。如果有机会见着毕淑敏阿姨，我想，她一定会印证我的这一推测。

　　上一分钟不绝望，下一分钟就有希望，这个道理我们一定要牢记于心。我很难忘我一个老师说的话："思想有时候是会欺骗人的。"有时，我们确确实实也会想要放弃，这时不要盲目地跟着思想走，而是继续行动下去，说不定，转机就会在下一秒钟出现。

3.最想放弃的时候，最不能放弃

　　你如果爬过山，一定有过这样的体会：上山时觉得特别累，而下山则比上山时轻松得多。

　　的确是这样，好走的，不都是下坡的路吗？

　　可你如果想要爬上顶峰，就不能走下坡路！

　　记得爸爸经常用一句话来告诫我："放弃只需一瞬间，坚持需要一辈子。"

　　这句话其实也告诉我，放弃是很容易做到的，也许只需要一秒钟，只需要自己的一个想法。而努力，不是想一想就可以做到的，还必须落到实处，不断坚持和超越。

　　我就曾因为想要放弃，险些错过了最美的风景。

　　在我小学毕业那一年，爸爸带我去九寨沟旅游。那天，我们去黄龙景区游玩。黄龙景区最美丽、最有名的景点叫作"五彩池"，要爬上海拔5000多米高处才能看到。还在酒店里，就听别人说五彩池是多么的美丽。想到自己也将亲眼目睹它的风采，我心里也有说不出的兴奋。

由于海拔比较高，很多人都出现了高原反应，我也不例外。才爬了一半，我就觉得头晕眼花呼吸困难，都快累得趴下了。我真想停下来好好歇歇，或者干脆回去算了。但爸爸却不答应，他才不管我多累、多难受呢，只是一个劲地鼓励我："加油，就快了，就快到了。"在他"快到了"的"糊弄"下，我于是打起精神继续走。

后来，我实在是走不动了，于是索性坐了下来，告诉爸爸："我走不了了。"

等我休息了一会后，爸爸命令我继续往上爬。让我没想到的是：就在我再次出发后不到10分钟，五彩池竟然就出现在我眼前了。当那梦幻仙境一般的美景展现在我面前时，我一下子惊呆了，什么疲倦，什么高原反应，全都被抛到了脑后。

那是我至今为止，见过的最美丽的地方。

后来想想，幸亏自己当初没有放弃，而是坚持走完了最后的10分钟。否则，怎么会有那种美的体验？而我的九寨沟之行，岂不要留下最大遗憾？

黎明前的黑暗是最黑暗的，熬过了这个时候，迎接我们的，就是美丽的朝霞。

记得有一年爸爸去新加坡访问，回来跟我们分享了采访"突破之家"戒毒所的经历。爸爸说：该所的座右铭就是"放弃是唯一的失败"。戒毒需要坚强的意志，当然不可以放弃。其实人生的许许多多方面，不也是同样的道理吗？

放弃只要一分钟，坚持却要一辈子。虽然坚持并不容易，但正是在这种不容易中，才能真正体现我们的价值！

—— 点评 ——

这里写到了两个亲身经历的故事：一是小学毕业那年去九寨沟，你因为战胜了放弃的念头，最终看到那里最美的五彩池；一是在曾经放弃漂流的地方重新漂流，最后取得了不凡的效果。

这两个故事，还有作家毕淑敏的故事等，都让你认识到了坚持到底的价值。我们可以从中得到这样一些道理——

坚持到底，就是不断向困难挑战。所以要迎难而上，不要知难而退。

坚持到底，最重要的还在征服自己。只有先征服自己，才有可能赢得世界。

第四章

好学生如何在七方面自我管理

本章概述

学生的自我管理，牵涉到方方面面。

为了了解哪些方面的问题最具有普遍性和重要性，在上大学前，我在老师、同学以及一些表弟妹中间，做了不少调查，最终总结出七方面。

这七方面的自我管理，其实也是我这些年来感悟最深的，有不少自己独特的思考和体会，现在将它们列举出来，希望能带给大家一些启发。

....

一、管理好态度：改"要我学"为"我要学"

二、管理好安全：时刻让危险远离

三、管理好心情：与不良情绪说"拜拜"

四、管理好欲望：敢对不良诱惑说"不"

五、管理好语言：学会三思而后言

六、管理好行为：学做行动的"巨人"

七、管理好人际关系：越能读懂人性，越能赢得人心

一　管理好态度：改"要我学"为"我要学"

学生最基本的任务就是学习。因此，在学生的自我管理中，排在第一的，应该是管理好学习态度，明白到底是为自己的成长学习，还是为了应付他人。

我有一个学妹，成绩不是特别好，有一次考试没考好，父母批评了她，随后我看到她的 QQ 签名改成了："我会努力学习，让你们虚荣。"

这让我有些哭笑不得，难道她读书是为了父母吗？但仔细一想，像她这样的心态其实有很大的普遍性。看看我们周围的同学，不难发现有两种人：一种学习目的明确，不用别人催，自己主动"我要学"；另一种则把学习当成苦差事，总认为是别人"要我学"。而前者往往学得比较轻松，效率也高；后者不仅学得难受，成绩也难有明显的提升。

那么，我们应该如何明确学习目的，改"要我学"为"我要学"呢？

1.学习是为了自己的成长，而不是因为别人对自己的态度

在学校里，有一个很有意思的现象——很多同学都有个共同特点：哪个老师对自己好，自己学这门课就会很有兴趣和动力，成绩也会不错；哪个老师对自己不太好，那么这门课学起来就心不在焉，甚至成绩很糟糕。

这样的心态其实并不好，毕竟，学习是为了让自己获得知识和成长，而不是单纯地为了让老师或者家长开心。

我对这一点就很有体会。

不久前，我在网上查到了我在美国高中选修的 AP 微积分的分数，是满分——5 分！那一瞬间，我觉得很开心，不仅仅是因为自己拿了满分，更是庆幸自己面对一个态度并不好的老师，还能拿到这样的成绩。

AP 微积分的课程，是高中能上的难度最大的数学课程。因为美国学校采取的是学分制，如果我能在期末的 AP 微积分考试中拿到 4 分或者 5 分，就可以用这个成绩来抵我大学这门课的学分。

因为我的数学一直不错，所以我对自己学好这门课还是有信心的。但让我没有想到的是，虽然我的课堂练习、测试和作业成绩都不错，但老师却还是挑我的刺！

有一天，我在家提前预习了一些公式和定理，并且将它们运用到了第二天的作业中。由于有这些公式和定理帮忙，我很快就顺利地完成了作业。

我们检查作业的方式是这样的：老师把每一道题的最终答案用幻灯片放映出来，然后我们自己用红笔检查，并且给自己打分，最后再把作业上交，老师粗略地看一遍，再把作业得分发上网。

老师一边放映，我一边对答案，越对心里越激动——我居然一道题都没有错！我有些得意地在自己的作业上写了个大大的"100"，然后交了上去，心里想："嘿，真简单，一点压力都没有！"

没承想我还没回到座位，老师就又把我叫了回去："这些公式你是怎么知道的？"我想都没想，就回答说："我昨晚预习了。"

我原以为会得到老师的夸奖，没想到老师的一句话，让我的心一下子跌到了谷底：

"谁让你用的？我还没教你就用，这是违规！以后在我的课堂上，我准你用你才能用！"说完，他毫不留情地把我写下的100分划掉，然后画了个大大的"鸭蛋"。

我一下子傻眼了，这算怎么回事？连好学都有错？那一瞬间，我真想在地上挖个洞钻进去。我还没来得及张嘴辩解，老师就对着全班同学说：

"你们都给我记住他犯的错误！这是我的课堂，我不允许你们肆意妄为！"那一刻，我钻洞的心思都没了，而是恨不得夺门而出，一走了之。

老师竟然给出这么不讲理的理由，我相信再怎么解释也是没用的，于是只好委屈地回到了座位。

后来我才知道，这个老师并不是只针对我才这样，他在学校执教二十多年，一直就以尖酸刻薄出名，几乎所有学生都不喜欢他。甚至还有同学告诉我，当年他的爸爸在这里上学时，就曾经不止一次领教过这个老师的厉害和挑剔。

我很失望，甚至都有过想法要放弃这门课程。那一天我都走到导师办公室准备申请换课了，但是在敲门之前，我一下子停住了，似乎有个声音在问我：你是在为老师学习吗？既然不是，那你为什么要在意老师的态度？

想明白了这一点，我心里也就不再计较什么。不管老师怎么说、怎么对我，我只要坚持做好自己的事情就好。

当得知我在 AP 微积分的考试中拿到了 5 分的成绩时，很多同学都不相信，因为这几年，由于那个老师的关系，大家对这门功课都没什么积极性，有的甚至一上他的课就睡觉，能拿到 5 分的人屈指可数。有个同学甚至跟我开玩笑说："真不敢相信你能在他的手里'存活'下来，还能拿到 5 分的成绩，简直就是奇迹！"

其实我知道这根本就不是什么"奇迹"，因为我知道，我只有在中学里拿到这 5 分，才能让自己大学的时候轻松一点，将更多精力放到别的功课上。我不是因为对别人有用，而是因为对自己有用，才去学习和努力。

2.学习是为了自己的发展，不能受周围落后因素的影响

每次考试后，总能听到有些考得不太好的同学找借口说："没什么，还有考得比我更差的！"这样的心态是很糟糕的。学习要想进步，就应该跟那些成绩比自己好的同学比，那样才

能发现自己的差距和不足而更加努力。如果总跟成绩不如自己的人去比，就会产生一种"我已经不错了"的想法，结果自己也就只会越来越差。

我记得表妹跟我分享过她的一个很好的学习方法。

她在班上找了一个比自己优秀的同学当自己的竞争对手，她总在观察那个同学，当那个同学学习的时候，她也会扎扎实实学习；而当那个同学开始休息时，她却要求自己比别人多学半个小时，这样，很快表妹的成绩就超过了那个同学。

我觉得这个方法非常好，也很有效，因为只有和比自己强的人去比，才知道自己需要在哪些地方努力。

当然，我前面也提到了，要想做得更好，不仅要学会和比自己强的人比，还要时刻提醒自己不要受周围落后因素的消极影响。

什么叫周围落后因素的消极影响？比如说，上课时，看到同桌用手机上网，你突然也心痒痒地想拿出手机；再比如说，你本打算用周末时间看书，而有同学打电话约你去网吧打你们都喜欢的网游，你可能就会决定去网吧而不是看书……

记得有段时间我对神探李昌钰探案的纪录片非常着迷，同时对他的个人经历也产生了很大的兴趣，于是我读了他的自传，其中他就写到了自己是如何抵制不良影响的。

读大学时，他选择了半工半读，白天在实验室洗仪器，晚上上课。实验室有两位同事，看到李昌钰每天忙个不停，连周末都不舍得休息，就劝他说人生短暂，何必那么累，不如好好享受，下班后像他们一样去酒吧喝喝啤酒，周末看场球赛。但李昌钰的回答是："少壮不努力，老大徒伤悲！"

李昌钰非常明白时间对自己的重要性，他抓紧一切时间学习。后来李昌钰陆续拿到了学士学位、硕士学位和博士学位，接着担任了教授，最终成为了赫赫有名的神探，而那两个同事却仍然还在原来的实验室里清洗仪器。

后来，其中一位同事打电话给李昌钰，说现在想想，他当年的话太有道理了，自己现在也想去读个硕士什么的。尽管不忍心给同事泼冷水，但鉴于学业的要求和这位同事的基础，李昌钰还是告诉他现在去学有点晚了，不如安心做好本职工作。听了李昌钰的话，同事很感伤地说："现在即使是清洗仪器我也干不下去了——身体吃不消了啊！"

原本笑李昌钰活得太累的同事，到了中年却突然醒悟过来，只可惜已经晚了！

假如当年李昌钰听了两位同事的话，也跟他们一起去喝酒、看球赛，那他要取得后来的成就只怕也很难，说不定也只是个碌碌终生的小研究员。这就是不同的选择，不同的命运！

我相信人人都想取得好成绩，因此，端正学习态度特别重要。只有当我们完成了从"要我学"到"我要学"的转变，学习才会真正成为一件轻松而快乐的事情。

— 点评 —

在所有需要管理的方面中，态度的管理是最重要的，而学生的态度管理，最需要的是明确学习动机。

记得多年前我从省报应聘到中国青年报工作，因为自己原来得过中国新闻奖等，自命不凡，却没有想到新单位是人才济济的地方，我需要向人学习的地方还有很多，于是这种自满的态度成为了发展的最大障碍。

这时候，一位领导向我讲了这么一句话："我希望你加强学习，你要明白，你干得好，这固然是为单位和社会作贡献，但这支笔是属于你的。你将来离开了单位，这支笔只能是跟随你离去，单位却没法留下。"这话给了我很大的触动，使我真正端正了态度，于是不仅取得了更好的成绩，而且，以后我离开单位，成为畅销书作家，这也起到了很好的作用。

我很佩服一些伟人如周恩来总理，"为中华之崛起而读书"，他们的学习有更伟大的目标，值得我们学习。但在还没有那么高的觉悟之前，能明确长本事，在根本上是对自己负责，而不是为了应付他人，也是一种不错的觉悟。能这样去努力，也能取得不错的成绩。

二　管理好安全：时刻让危险远离

从小，爸爸妈妈对我的教育，就以安全教育为首。我爸爸几乎从未打过我，但有两次却打得很狠：一次是因为我把塑料袋套在了头上，一次是因为我玩插线板。那时因为我还小，给我讲安全的道理我也不明白，所以爸爸才狠狠地打了我，让我牢牢记住，从此远离那些危险的动作。

我相信，希望孩子平平安安，这是所有父母最大的心愿。如果一个人连生命安全都无法保障，其他的就无从谈起了。

那么，要怎么学会保证自己的安全呢？

1.警惕自己成为被伤害的"羔羊"

记得在看一部侦探小说时，有一章的标题是"小心，下一个可能就是你"。这句话原本是侦探说给身边朋友听的，提醒他们小心连环杀手的袭击。但我觉得，应该把这句话转述给所有人听。因为这个世界上，危险确实到处存在，所以我们的自我防范意识一定要强，一定要警惕自己成为被伤害的对象。

就像我在本书第一章开头写到自己差点被绑架，我当时就是觉得，自己身处市中心的商场，那么繁华的地段，不会有什么安全问题，所以才放松了警惕，别人让我看什么我就看什么，问我什么我就答什么。最后不知不觉上了当，差点遇到了大麻烦。

其实，只要多留心，类似的一些事情完全可以避免。

不少人对震惊全国的河南平舆县"11·12"特大系列杀人案可能还有印象，犯罪嫌疑人黄勇，因为从小受到不良影视的影响，为了寻求精神刺激而杀了10多个青少年。

那些青少年和黄勇并没有什么过节儿，但就是在意想不到的情况下被害了。

而黄勇利用的，就是他们都是男孩子，警惕性不如女孩子或者大人。

其中那个成功逃脱的少年告诉警方，当时他觉得自己身上没什么钱，黄勇肯定不会抢他的钱，而他又是个男孩，所以才放心跟他走的。

正是因为有这种心理，才让黄勇有机可乘。我觉得还是那句话说得好："防人之心不可无。"就算是觉得不可能伤害自己的人，也要多留个心眼，以防万一。

比如说有些居心不良的坏人，往往会根据孩子的兴趣，找一些借口，把未成年的孩子骗回家，比如"我家有一款新的游戏，特别好玩，你到我家去玩吧"等等。为了远离危险，我们还一定要养成无论去哪里，都要事先告诉父母的习惯，并且把和自己在一起的同学或者朋友的电话号码也告诉父母等等。

即使是搭乘出租车，也应该有所防范。比如我从初中起就总是在上车前记下车牌号，上车后当着司机的面打电话："妈妈，我上了××牌号出租车，你到门口接我吧。"其实，这是我和妈妈的约定，我并不需要她接我，要去的地方也不一定就是我家，我只是用这种方法让个别坏司机别动歪念。

我在美国的时候，寄宿家庭的妈妈也反复跟我强调安全问题，要我提高自我防范的意识。比如天黑后不要自己独自出门，不要随便接受不熟悉的人的邀请参加聚会，或者到别人家里过夜……

这其实也告诉我，不管在哪里，危险都是存在的。只有处处留心，才能做到有备无患。

2.越忙乱越要冷静，因为"万事忙中错"

记得我曾经在高速公路旁的一块广告牌上看到过一条标语："一秒慌张，一生悔恨。"想想确实有道理，人往往越慌张，就越容易出问题，因为慌张的时候，人是最不用脑子的。

那么什么时候，人最容易慌张呢？其实人越忙的时候，往往容易慌张。

比如我跟我的寄宿家庭去迪斯尼乐园游玩时，大家都忙着去乘坐各种各样的游乐项目，都只顾着看前面的队伍，而忘了留意身边的事，结果寄宿家庭的一个小弟弟弄丢了他的钱包。

再比如，我爸爸刚进大学时，当时学校书店刚好进了一批新书，很多同学都去抢购。这批新书里正好有爸爸特喜欢的一本，于是爸爸也加入了抢购的队伍。由于十分拥挤，加上爸爸只顾着看书，结果等到付钱时，才发现自己的钱包和半个月的饭票都被人偷走了。

而我自己，也曾经在忙乱的情况下犯过错误。

那天，我接到爸爸妈妈的电话，说爷爷因为身体不适住进了医院，让我赶紧过去。我因为担心爷爷，于是赶紧出门打车。但在路上等了好一会，也没等到一辆空出租车。如果去坐公交车的话，下车后还得走好长一段路。

就在我着急的时候，一位摩的司机停在我的面前，问："帅哥，去哪儿啊？"

如果是在平时，我肯定不会坐摩的，妈妈严禁我这么做。但当时因为着急，我连想都没想就坐了上去。

结果到了医院门口，因为地面不平，摩的一下子倒在了地上。幸亏当时车速不快，我一看不对，赶紧提前跳了下来，只是手上蹭破了点皮，没什么大碍。

这一幕正好被妈妈看到。等摩的司机走后，妈妈狠狠地教训了我一顿。因为坐摩的是没有一点保护措施的，万一被撞了，那受个重伤甚至丢掉性命都是极有可能的事情。我如果不那么慌张，多等一会儿，或者干脆坐公交车，多走两步路，那我遇到危险的概率肯定就会大大降低。

我发现妈妈说得还真对，第二天我出门的时候，就在大街上看到有个人骑摩托出事故，当时躺在地上，头破血流。

"万事忙中错"，这句话可是说得一点都没错。越是忙乱的时候，我们越需要冷静，把注意力放在应该放的地方，这样才能更好地避免不必要的危险。

3.发现危险，第一时间远离

我们都知道，外出野营的人，在晚上睡觉时，为了防狼，总会在营地里生一堆火。据说，狼之所以怕火，是因为祖先曾被火烧伤，从此狼的祖先告诉后辈，不要再接近火。

狼的这种生存的智慧，其实也值得我们学习：知道什么东西危险，就立即远离它。

我有这样的感悟，源于一次寄宿家庭的妈妈带我去找体育馆打球的经历——

那天，我们去了一家体育馆，我原本想快点交完钱就去球场打球，但寄宿家庭的妈妈让我别着急，先跟她参观一下再说。

那家体育馆的环境不错，既干净设施又多，但寄宿家庭的妈妈在带我转了一圈之后，却说还是回去算了。

这让我感到很疑惑，到了车上，我忍不住问寄宿家庭的妈妈为什么。她告诉我说，她留意了一下旁边的小餐厅，里面好像有黑帮的成员。而那附近确实黑帮活动比较多，寄宿家庭的妈妈这么做是怕我被找麻烦，或者牵扯到黑帮间的纠纷中去。

尽管如此，但体育场的设施还是吸引着我，我还是想留下来打球，于是我对寄宿家庭的妈妈说，我会注意安全的，只要我不去招惹他们，他们肯定也不会为难我。接下来，寄宿家庭的妈妈说了一句让我非常难忘的话："既然知道这里有危险，那么避开危险的最好办法，就是远离它。"

我想了想，觉得的确是这样。既然可以和危险保持距离，为什么不走得越远越好呢？否则一旦危险真的发生，再想躲就来不及了。

我把寄宿家庭妈妈的话记在了心里，不久后，这句话就派上了用场。

有天下午，寄宿家庭的爸爸和妈妈开车去买东西，留在家里的我，就承担起了照看三个孩子的责任。

过了一小会儿，突然听到了敲门声。

我以为寄宿家庭的爸妈忘了拿什么东西，但又一想，如果他们要回来拿东西，肯定会先把车开回车库，再从车库和客厅连接的那个门进到家里，而不会从正门敲门进来。

于是我没有选择立即开门，而是先打开门上的小窗子，看看门外是谁。

门外站着个穿整洁西装、手里拿了个皮箱的中年男人。他很客气地跟我打了招呼，我也很礼貌地跟他打了招呼。

通过简短的交谈，我得知他是一名推销员。他说要推荐给我们一个特别有意思的高科技产品，还拿出来，在我面前晃了晃。这时，三个孩子听到了我们的谈话，纷纷跑过来问："这是什么？这是什么？"

这样一来，那个推销员推销得更起劲了，说希望我打开门让他进去，他要给我们演示一下这个产品的功能。几个孩子都很兴奋，催着我赶紧开门让他进来。

我一向对高科技产品很感兴趣，也很想看看这个东西有什么神奇之处。但我突然转念一想，万一他是坏人，想借着推销的名义做坏事怎么办？我只是一个中学生，而寄宿家庭的爸妈都出去了，几个孩子的安全我得负责。

于是我很委婉地回绝了他，然后关上窗子，锁好了门，并且转身告诉三个孩子，在爸爸妈妈回来前都不要出去。他们开始时对我拒绝推销员进来演示产品功能表示不满，等我给他们做了解释，他们都理解了我的做法。

寄宿家庭的妈妈回来知道了这件事后，夸赞我做得对，还特意谢谢我没让危险靠近自己和她的三个孩子。

过了几天，寄宿家庭的妈妈告诉我，就在附近的一个社区里，发生了一起推销员用电击棒击晕户主入室抢劫的事情。虽然我不知道这件事和我曾经见过的那位推销员有没有关系，但我还是为自己当时所做的决定感到庆幸。

虽然说他不一定就是坏人，但我又有什么必要去冒那个险呢？

4.学会"见义智为"

我们都知道，看到不平的事情，我们有责任站出来制止，也就是要有"见义勇为"的精神。但是，我们在见义勇为的时候，也要懂得保护自己，不让自己受伤害，也就是学会"见义智为"。

我妈妈是《中国妇女报》的记者，她前不久报道了一件初一女生智擒抢劫犯的事，就很值得我们借鉴。

一天，四个女孩在外面玩的时候，发现有个瘦小的老头一直在一对情侣身后徘徊，没多久，老头就伺机偷走了女士的钱包，然后立即跑开了。

四个女孩见了，立即大喊捉小偷，其中两个跑得快的女孩上去追老头，另外两个女孩则跑去提醒那对情侣钱包被人偷了，然后一起去追小偷。

没多久，小偷就跑不动了，两个女孩加快步子追了上去，将小偷绊倒在地上，这时后面几个人也都跟上来了，大家一起按住小偷，直到警察过来。

警察将四名女孩大大夸奖了一番，但同时也特意提醒了她们，遇到类似的事情，一定要注意保护好自己的安全。

在采访的时候，其中有个女孩，对妈妈说出了她们捉贼的智慧——

第一，因为考虑到对方是个瘦小的老头，体力不好，不难追，追到后他也不会有太大的力气反抗，所以她们才敢这么大胆地去追。

第二，当时是白天，她们一边追一边大喊捉贼，不仅会让小偷心虚，同时也会引起路人的注意，加上还有丢了钱包的那对情侣帮忙，所以她们就更加不害怕了。

第三，抓到小偷后，她们一直死死按住小偷的双手，让他没办法伤害她们。

在这个过程中，有个细节特别值得一提。小偷在逃跑的过程中就把钱包丢掉了，小偷被抓到后，不仅不承认自己偷了钱包，反而诬陷说是那四个女孩偷的。其中有个女孩去街边寻找被小偷丢掉的钱包时，发现了一把小偷作案用的剪刀，为了避免自己留下指纹被小偷诬陷，女孩没有直接用手去拿剪刀，而是先找了张纸，将剪刀包起来，然后再交给警察。

四个女孩的做法非常智慧，它能让自己避免不必要的麻烦。

路见不平一声吼，这是每个人应有的品德，但很多时候，我们不仅要见义勇为，更要懂得"见义智为"，毕竟，在帮助别人的同时，我们还要考虑到自己的生命安全。所以运用方法和智慧，既帮助别人，又很好地保护自己，这才是最好的方式和途径。

— 点评 —

记得有一次我们从老家的山村坐车出来，路边的一则标语，让你十分赞赏。那是一则关于交通安全的标语，但它却这样表达——

"人生美好，步步小心。"

关于安全，可能父母及亲人、老师都比学生本人更重视，但是真正要确保安全，在其他方面提供必要措施的同时，孩子本身的安全意识和保护安全的能力，也要起到极大作用。

原因很简单：没有人能随时陪伴在你身边，只有你自己成为一个时刻重视安全的人，安全才更有保障。

安全是一切的保障，有安全才有一切。具备安全的能力很重要，但安全意识更重要。

因此，把爸爸在清华大学安全总监班上讲课时总结出的"十六字方针"送给你：

"常说没事，就会有事；常怕有事，就会没事。"

三 管理好心情：与不良情绪说"拜拜"

相信每个人都有这样的体会：好的情绪，比如开心，能够让自己一整天的状态都非常好；而不良的情绪，比如伤心、失落等，能让自己萎靡好一段时间，对什么都提不起精神。既然情绪对每个人的影响是这么大，那么要想保持好的状态，就得学会管理好自己的心情。

1.当不了情绪的主人，就会成为痛苦的奴隶

谁都会有情绪不好的时候，比如暴躁、郁闷、害怕、伤心等等。尽管谁都知道不良情绪是有害无益的，但就是找不到有效控制它的方法。

我曾经就是个不太能管理好情绪的人。每当心情不好的时候，我要么郁闷好几天，要么跟同学、朋友吵一架，要么做出一些让父母、老师伤心的事情……那些日子实在是不堪回首！

直到有一天，我看了一句话：假如你当不了情绪的主人，你就会成为痛苦的奴隶。这对我犹如当头棒喝。从那以后，每当有不良情绪出现时，我都会用这句话来提醒自己。

跟大家分享一个我的故事。

众所周知，圣诞节可以说是美国最隆重的一个节日。早在圣诞节的前两个月，我就听同学在兴奋地讨论圣诞节该怎么

过。这也让第一次在美国过圣诞节的我，心中充满了期待。

为了迎接圣诞节的到来，我特意让爸爸妈妈从家里寄来有中国特色的礼物，同时还去了好多趟超市，给寄宿家庭的每个成员，包括几个小弟弟的外公外婆和姑姑，都精心准备了礼物。

同时，我也憧憬了一下，自己会不会像电视里的美国孩子一样，收到一大堆礼物，拆都拆不完。圣诞前夜，看到家里圣诞树下堆满的大包小包，我更加忍不住想象起了第二天早晨收到许许多多礼物的情景。

由于太兴奋，那天晚上我甚至有点失眠了。

本来大家约好第二天早晨七点钟起床拆礼物，七点还没到，我就从床上跳起来，跑去跟大家一起拆礼物。

然而找啊找啊，每个人手上都有一大堆礼物了，可我还是没有看到一件写着我名字的礼物。我想，或许我的礼物放在靠里面的位置了。

可是，到最后，礼物都分发完了，别人都快乐地抱着成堆的礼物，而我，却只得到了小小的一件礼物。看着几个欢呼雀跃的小弟弟，我既尴尬又难过。我甚至都有冲动，想要立即冲回房间，不跟他们一起拆礼物。

但我没有这么做，而是在心里告诉自己，要学会往好的方面想："有礼物总比没有好，说不定这件礼物非常有意义，抵得上好多件礼物呢。"

当我拆开礼物时，我看到里面是一件我最向往的大学——麻省理工学院的 T 恤衫。这让我多少有些高兴起来，毕竟那是我最喜欢的大学。然后我又回想起寄宿家庭对我种种的照顾和关爱，让我这个身处异国他乡的孩子享受到亲情和温暖，我们相处得真的像一家人，好到很多时候我觉得比其他所有交流生都幸运。像这么好的家庭，怎么可能故意让我难受呢？他们肯定也有疏忽的时候，也可能他们觉得来自东方国度的我，不会在意西方的圣诞节。既然不是故意的，我有什么好难过的呢？于是我让微笑又回到了脸上。

回到房间后，打开电脑，我在网上看到我的交流生朋友们，正在发他们在寄宿家庭得到很多礼物的照片。

把自己跟他们一对比，我又开始觉得难过了。但我马上提醒自己不要这样，于是我关了电脑，告诉自己："不要比较，否则只会让自己难过，要知足，我得到的东西已经不错了。"

就这样，我很快就从失落的情绪里走了出来，然后就像什么都没发生似的，出去跟寄宿家庭的孩子一起玩耍了。

事后，我还挺为自己骄傲的，因为我当好了情绪的主人，没有被情绪牵着鼻子走。

反过来想，如果我当时任由坏情绪控制，那么我肯定会不断往坏的方面想，不仅自己难过，说不定还会影响我和寄宿家庭的关系和感情！

2.改抱怨为感恩，心灵就会柳暗花明

没有人喜欢整天怨天尤人的人，因为喜欢抱怨的人，不仅让自己痛苦，也会让周围的人觉得不愉快。

其实，每当我们想抱怨的时候，不妨想想：这真的值得我抱怨吗？难道就没有值得我感恩的地方？或许，换一个角度想问题，就会发现，很多事情并没有自己想象的那么糟糕。

其实对于圣诞节发生的事，我能及时调节好情绪，懂得感恩就起到了很大的作用。

如果我一味地抱怨"我那么精心地为每个人准备礼物，没想到他们却这么对我，太不公平了"，那我就会陷入不良情绪的泥潭中无法自拔，不仅会影响我的生活，甚至还会影响到我的学习。

而我当时想到更多的，是寄宿家庭对我的各种关心和友好。

记得我来之前，寄宿家庭的妈妈特意在网上查了"欢迎"两个字怎么写，从没接触过中文的她，用中文写了张很大的欢迎海报去机场接我。

我也记得寄宿家庭无私地为我提供食宿，我提出的要求，他们都会尽量满足……

当我以感恩的心去回想这些时，圣诞节发生的事也就变得不重要了，它对于我来说，不过是生活中一个小得不能再小的插曲。

3.培养"钝感力"

对于我们这些正处于青春期的孩子来说，情绪容易激动，还有一个重要原因，就是太过敏感，本来只是一点小事，却偏偏要把它无限放大，弄得自己要么伤心欲绝，要么怒不可遏。

在新东方学习的时候，老师给我们讲了一个新东方老总俞敏洪的观点："如果我过于敏感，你骂我是猪。不对，其实我连猪都不如。"

这耐人寻味的话是什么意思呢，他进一步阐述说：

"很多人失去了快乐，是因为他太敏感了。别人一句话、一个评论就使自己生气一个月。这是非常无聊的。严重了就成了马加爵，因为误会他人郁闷地要杀人。"

日本著名作家渡边淳一曾经提出过"钝感力"的概念。按照他的解释，"钝感力"就是"迟钝的力量"，也就是从容面对生活中的挫折和伤痛，坚定地朝着自己的方向前进，它是赢得美好生活的手段和智慧。

虽然说"迟钝"这个词似乎给人的印象不太好，觉得这个人反应慢半拍，但看完渡边淳一所说的"钝感力"的五项铁律后，你或许就不会再小看迟钝的力量——

一、迅速忘却不快之事。

二、认定目标，即使失败仍要继续挑战。

三、坦然面对流言蜚语。

四、对嫉妒讽刺常怀感谢之心。

五、面对表扬，不得寸进尺，不得意忘形。

在他的书中，写过这样两个年轻人的故事——

小 K 和小 N 在同一家公司上班。有一次因为有件事没做好，他们都受到了老板当众的一顿臭骂。同事都担心这样的臭骂过了头，猜测两个人第二天还会不会来上班。而两个人对此的反应却截然不同。

第二天，小 K 像往常一样按时到了单位，并且热情地跟大家打招呼，仿佛昨天被骂的事情没有发生一样，又立即投入到了工作中去。

而小 N，不仅第二天没去上班，还从此一蹶不振，久久沉浸在痛苦中无法自拔。

遭遇同样的事情，小 N 的反应太过敏感，其实老板只是对事不对人，事情没做好，下次改正就是，完全没必要因为这样一件小事就觉得自己整个被否定了。

而小 K 的态度则正好相反，针对事情的批评可以接受，但老板对自己的态度，则完全没必要放在心里。这两种员工，谁更有发展，谁更受器重，谁又能更加快乐，我们都可想而知。

4.如果改变不了环境，那就调整自己的态度

在美国交流的时候，我们的物理课教室里，贴着这样一句话："遇到不如意，你有两个选择：改变它，或者适应它。"

我特别喜欢这句话，当我们没有办法改变不如意的环境时，我们起码可以改变自己的态度。

我曾经看过一个关于"大学生如何管理好负面情绪"的专访，其中一位嘉宾是中国心理卫生协会大学生心理咨询专业委员会常委兼秘书长马喜亭，他有一个观点："对负面情绪的产生，有两种认识，就是'外归因'与'内归因'。所谓'外归因'，就是把负面情绪的原因，主要归到外面，如别人对我不好、环境很差等等，而'内归因'，就是自己心灵的反映模式。"

他觉得应该更重视"内归因"，如前几年有一个让我们中学生很敬佩的人物洪战辉，家里虽然非常穷困，但他不仅自己学习好，还带着捡来的妹妹上大学。马喜亭曾和洪战辉交流过，他说："洪战辉的经济可能比大家差很多，但他很阳光，能管理好自己的情绪。你说社会不公平，你看到的社会可能和另外一个人看到的社会又不一样。"他建议："对环境无能为力的时候，可以掌控自己，管理自己的情绪。"

这段访谈给了我很大的触动。而我的同学小鹏在高考前夕的经历，更是给我上了活生生的一课。

就在高考前十几天，平时成绩非常好的小鹏，得了急性阑尾炎，到医院做了手术，医生要求他必须住院休养。

在高考前夕得病，尤其是得了需要住院的病，这对任何一个考生来说无疑都是晴天霹雳，大家也都认为，小鹏高考肯定会受到不小的影响。

我想，碰到这样的事，小鹏除了特别紧张，肯定也会在心里发牢骚，怎么就在这个节骨眼上生病了！可让人意外的是，他不仅没有抱怨，做完手术后，他还很镇定地要求爸爸妈妈帮他把所有的复习资料都带到医院，同时请院方给他换了一个安静的病房。

在接下来的一个星期里，他用积极的心态看待自己不得不在病房里学习这个事实，保持着和平常在学校一样作息。离高考还有三四天的时候，他出院返校了，他很开心地说自己的学习没受什么影响，并且在其后的高考中也发挥出了正常水平。

我非常佩服小鹏，因为在那样的环境下，他仍然能乐观面对，不抱怨，只是想办法解决问题。

有时候，环境真的很喜欢跟我们开玩笑。每个人在遇到不顺时，有想抱怨的念头也很正常。但抱怨却不是面对困境的好方法。既然环境没法改变，那我们就先学着去适应它，然后再去想办法。

—— 点评 ——

人是情感动物。人的心情，对人的行为起到很大的支配作用。所以我常常给你讲这个道理：

"先管好心情，再管好事情。"

　　但人是复杂的，心情就像天上的云彩，有时还会瞬息万变。作为一个对自己生命负责的人，的确不能成为这变幻无常的心情的奴隶，而要成为它的主人。

　　这里写到了要经常学会调整自己的心态——"改抱怨为感恩"、培养"钝感力"、"如果改变不了环境，那就调整自己的态度"，这是非常有价值的。我们不妨形象地比喻：坏心态就好像在"魔的频道"，好心态就好像在"佛的频道"。

　　请时刻将心灵调整到"佛的频道"。这样，你的生命总会海阔天空。

四　管理好欲望：敢对不良诱惑说"不"

青少年因为社会经验有限，心性也没有完全成熟，所以面对各种各样的诱惑时，如果把握不好，就容易出问题。所以，学会管理好自己的欲望，敢对不良诱惑说"不"是非常重要的一课。

先来看看我一个好朋友的故事。

2012 年暑假我回到老家时，好友李腾芳正好来家里做客。他在岳阳市高考录取率最高的高中之一——平江县一中上学，而这次高考，他成为了平江县的理科状元。

他讲了一件诱惑对自己产生坏影响的事，让我印象非常深刻。

由于寄宿生活实在乏味，寝室里很多同学便开始用手机看一部网络小说。同学们纷纷向他推荐，说它怎么怎么扣人心弦……

于是他有点动心了，也想看看这部让大家都很痴迷的小说到底是什么样子。但他没有带手机去学校，所以没法上网看。有一天，他听到朋友们都在议论小说的情节，心里越发痒痒，于是决定就算借同学的手机，也要看看这部小说。

于是下了晚自习回到宿舍后，他真的借了同学的手机来看那部小说，结果一看就再也放不下了，甚至到了无法自拔的地步。

他告诉我说，当时，每天下了晚自习后，他们一帮人就会立即冲回寝室，三下五除二地洗漱完，然后钻进被窝，等着小说更新。他还告诉我，如果哪天晚上他因为有事没看成小说，就会翻来覆去好久睡不着。

听了他的描述，我也很吃惊，想不到像他这么刻苦和优秀的人，竟然会对一部小说，痴迷到这样的程度。

在这里，我不得不提提我和他相识的由来。高一那年，爸妈为了让我体验一下条件艰苦的优秀孩子是怎么学习和生活的，特意请县教育局的一个领导帮我找到了李腾芳这位特优生，让我在暑假时去他家生活一段时间。

虽然他家经济条件不太好，但他却非常努力，不仅成绩保持在年级前 5 名，还特别懂事，经常帮父母干活。

但就算是这么勤奋、刻苦，平时自制力很强的同学，也难以抵挡小说的诱惑，更何况是普通的、自制力不太强的学生？

我很好奇，他迷上网络小说后，成绩是否受到了影响？他告诉我，肯定受影响，月考成绩一出来，他的名次一下子降了十几名。

以往的月考表彰仪式，每次李腾芳都站在领奖台上。但这一次，因为退步得厉害，他只能在台下看着别人领奖。

当时他的脸羞愧得就像被火烧一样，他突然明白过来，如果自己再这样下去，那么高考肯定完蛋！

于是他想，与其每天晚上等着小说更新，不如等高考完了，暑假里一次性看个够。说断就断，从那天起，他再没有看过小说，即使听到同学议论小说内容，他也会自觉走开。

由于又把全部精力集中到了学习上，他最终考出了平江县理科第一名的好成绩。

看，就算是那么优秀的学生，就算是在没有手机的情况下，他也会受到网络小说的诱惑。可见，有些不良诱惑的力量有多大！我们是不是应该好好警惕呢？

1.不良诱惑是学生最应该警惕的东西

对于不良诱惑，如果不警觉，就会沉溺其中，甚至不可自拔。我们来看看《中国青年报》2012 年 5 月 8 日第 11 版刊登的一封来信——《我是个自制力很差的人》。

《青春热线》栏目编辑：

你好。

我是个自制力很差的人，贪玩，但朋友都说我比较聪明，所以一路走得也比较顺。

现在我 24 岁了，还是很贪玩，一玩起游戏来就没完没了，尤其爱好某个大型网游，经常一玩就是一天。我有自己的理想，也知道自己该怎么做，但就是爱找些借口来逃避，然后疯狂地玩游戏。

我不知道自己该怎么办。游戏删了又装，装了

又删。考虑了很久决定把号卖掉，一身极品装备能卖
2000元吧，但又舍不得，毕竟是自己的心血，我承认
自己沉迷了。

很想戒掉这游戏，但自己始终下不了决心，也说
服不了自己。请您帮帮我。

我是不是应该把游戏彻底删掉，然后把号卖掉，
一心一意朝着理想奋斗？

小亮

小亮的故事其实带有普遍性，我也见过不少沉迷于网游
的学生，他们经常逃课出去上网，有的寄宿学生甚至还会翻学
校的围墙出去玩上一个通宵。

而沉迷于网游，自然就不会再将心思放在学习上。

其实，对于青少年，尤其是中学生来说，不良的诱惑不
只是网络游戏，还有很多，比如沉迷于网络小说、热衷于网上
聊天等等。这些如果只是偶尔为之，并没有太大的关系，但如
果在这上面花过多的精力，甚至上瘾，那就需要我们特别警惕。

2.要以"随时抽身"的姿态，与"不良诱惑"告别

李腾芳开始时被网络小说吸引，但很快明白过来应该抵
制这种影响自己学习的诱惑，于是选择了"立即抽身"——小
说说不看立即就不看了，就算别人议论，他也会马上躲开。

诱惑是魔鬼，这话说得一点也不过。人一旦被诱惑所控制，哪还会有什么心思去学习和工作？所以要想抵挡诱惑，我们应该向李腾芳学习，一旦意识到了诱惑的危害性，就要学会"随时抽身"。

俄国一位著名的舞蹈演员，在谈到自己的成长经历时说：舞蹈教练对她们的要求非常严格，在练习跳舞时，绝对不允许她们分心。为了锻炼她们抵御诱惑的意志力，教练会让她们在训练结束后尽情玩耍，但就在她们玩得最开心的时候，教练却会要求她们立即回到训练场，并且在最短的时间内进入训练状态。

这样的做法，刚开始时对舞蹈演员们简直就是一种折磨。设身处地想想，如果我们在玩得最开心的时候，是不是也会想把这份快乐持续下去？如果这时候突然让我们不玩了，而是回到教室学习，我们也会觉得不乐意。

但就是教练这种特别的培养方式，很好地锻炼了她们保持专注的精神。这位舞蹈演员说，教练的方法让她终身受益，让她在训练的时候始终保持专注，即使稍有松懈，也能立即将心神"拉回"到舞蹈上来。

教练的训练方法，其实就是"随时抽身"的方法。如果我们能够很好地掌握和运用它，就可以随时和不良诱惑说"拜拜"。

比如说课间的时候，打乒乓球打得正爽，突然上课了，一定要马上收心，让自己的心思回到课堂上，而不是留在球台上；再比如，周末出去打篮球，给自己规定一个时间，比如两个小时，时间一到，就马上回家，而不是没有节制地在球场上待着不走。

不可否认，每个人都希望放纵自己，让舒适的感觉延续下去。但我们只有学会跟那些看似"舒适"其实不良的诱惑说"拜拜"，我们才能够真正得到成长！

3. "延迟满足"的好处

什么叫"延迟满足"？举个简单的例子，像李腾芳当时对待网络小说的态度一样，他并不是打算完全不看了，而是决定等到高考后的暑假再看。

这种做法，符合情商理论的"延迟满足"法则。著名心理学家戈尔曼在《情商》一书中写了下面这样一个案例。

曾经有科学家在一家幼稚园里做了一个实验——

科学家给每个孩子发了一颗糖，并告诉他们，一小时后才能开始吃。

小朋友都答应了，但实际上，真正能够做到的并不多。

有的孩子想："反正现在吃和一小时后吃都一样，都是给我吃的，还不如早点尝尝呢！"这些抵挡不住诱惑的孩子提前就把糖吃了。

也有一小部分孩子，真的老老实实等到了一个小时之后才吃。

后来，科学家们对这些孩子进行了跟踪调查。结果发现，那些禁不住诱惑，提前吃糖的孩子几乎都没有什么出息。而那些一小时之后才吃糖的孩子，大都很有成就。

为什么呢？

那些忍不住先吃糖的孩子，难以抵制诱惑，那么他们在后来的工作、生活中也容易被诱惑牵着鼻子走，这样的人注定没有办法成大器。

而那些懂得自律、能够抵挡住诱惑，在一小时之后才吃糖的孩子，长大以后更能专心做事。他们的专注和自律，当然也会给他们带来不错的事业成就和财富回报。

这也告诉我们，如果想要成功，就必须具备一种能力——向诱惑说"不"的能力。

对于我们学生而言，身边有很多东西无时无刻不在诱惑着自己，比如说网游、手机、电视，甚至是早恋，这些都会分散我们的注意力。

就拿早恋来说，不可否认，青春期对异性产生好感，是很正常的，而爱，的确也是很美好的。但同时，这也肯定是会分散我们的精力。所以，不妨把这份爱先埋藏在心里，等到合适的时候再让它开花。

是啊，青春期这种好感谁会没有呢？而用不同的方式去对待，就会有不同的结果。如果压制不住自己的冲动，好感就可能发展为早恋；但如果能够很好地掌控自己的情感，那么内心反而会产生一种动力，鞭策自己向前。

　　诱惑，真可以说是无处不在的"人贩子"，只要稍不留神，或是意志不坚定，就有可能被它拐走。所以，一旦意识到这些不良诱惑会影响到我们，就要坚决地对它们说"不"。

—— 点评 ——

　　有这么一句名言："三毒起时两眼瞎。"所谓"三毒"，就是贪婪、愤怒和执迷不悟。

　　这里排在第一的就是贪婪，受不住诱惑就是贪婪的体现。当无法抵挡不良诱惑的时候，人就很容易迷失方向和心智，如同眼睛瞎了一样，能不可怕吗？

　　我们要敢对不良诱惑说"不"，除了要重视意志的力量外，还得对青少年渴望的"自由"重新进行认识。人都是希望自己自由自在的，但是请记住：自由不是想干什么就干什么，更不是一切由自己的欲望牵着鼻子走，否则，如果大家都这样想这样做，这世界就完全乱套了。

　　因此，请一定要牢记——

　　"自由的代价是自律！"

五　管理好语言：学会三思而后言

曾经看到一个观点：人与人之间，90% 以上的矛盾，都是由语言冲突引起的。这可能有点夸张，但却说明了语言的重要性：

展现自己，要通过语言；表达观点，要通过语言；化解矛盾，要通过语言……可以说，语言是我们最重要，也运用得最多的工具。

语言运用得当，能让我们在别人心目中留下良好的印象，帮助我们结交朋友、创造好的机会；如果运用不当，就可能引发矛盾、制造麻烦甚至失去机会……

那么如何进行语言管理呢？我们都知道有句成语叫"三思而后行"。其实运用到语言中也一样，说话之前，我们也要想想：这句话该不该说？应该怎么说？换一种方式说效果会不会更好？总结起来，就是要学会"三思而后言"。

同样的意思，用不同的话表述出来，效果就可能大不一样。对此，我很有体会。

记得有一次考试前我们上地理课。地理老师的讲课风格很生动活泼，他喜欢在讲课中穿插着讲一些他的故事，同学们平时也都很喜欢他。但因为临近考试，他的这个习惯却让同学们有些苦恼，因为我们着急复习，只希望老师每分每秒说的都是重点。但老师上课讲故事会耽误不少时间，也会拖慢进度。

有一次，听到老师又开始讲故事了，班上有个同学终于忍不住了，小声抱怨说："老说故事干什么，我们考试又不考故事，赶紧讲重点啊！"虽然讲得很小声，但因为当时班上特别安静，老师应该听到了，他眉头皱了皱，没说什么，只是将话题回到了课程重点。

可是没一会儿，老师又开始讲故事了。我感觉班上开始有点躁动了，很明显，大家都有点不耐烦了。

我想，如果这个时候有人再抱怨，老师肯定会很不愉快。有没有别的办法让老师继续讲重点呢？

于是我举手请求发言，说："老师，您刚刚讲的那个重点讲得太好了，我以前根本没想到，让我收获很大。只是我没有听得太明白，您能不能继续在那个重点的地方给我们多讲讲呢？"老师一听，也意识到自己又跑题了，但他还是愉快地接受了我的建议，重新又回到了讲重点上。

那个小声抱怨的同学一看，忍不住偷偷向我眨了眨眼，悄悄地竖了一下大拇指。而从那以后，地理老师每次见到我也都是笑眯眯的。

尽管这只是件小事，但说话确实需要点艺术，尤其是在提意见的时候，要先想想这么说会有什么后果，会不会伤害到别人，然后再选择恰当的方式去表达。

那我们该如何学会"三思而后言"呢？我觉得以下三点很重要。

1."聪明人的舌头长在心上，傻瓜的心长在舌头上"

这是美国著名思想家、科学家和外交家本杰明·富兰克林的名言。这句话告诉我们的道理是：一个聪明的人，他的语言是受头脑和心灵指挥的，这样说出来的话才会理智；而愚蠢的人，讲话总是不经过大脑，张口就来，想说什么就说什么。

2.否定之前先肯定

在人和人的交往中，有不同意见很正常，表达自己的观点也没错。但在表达的方式上，很多人都容易犯同一个毛病：他们总是没有任何铺垫，一张口就直接谈不同意见。也许他的观点是正确的，但这样一来，被否定的人往往会觉得伤面子，就算勉强接受了对方的观点，心里也会觉得很不舒服。

如果换一种方式，在否定别人之前，先肯定别人，比如说"你为这件事付出了很多努力"、"你采用的这种方式对我也有很启示"……那么别人不仅容易接受你的意见，接受起来也会觉得很愉悦。

3.让原则性与灵活性统一

在这方面，几年前在观看 2008 年北京奥运会开幕式后，总导演张艺谋在接受记者专访时说的话，给我留下了深刻的印象。

在采访中，主持人问他："如果说满分是 100 分，你对这次开幕式打多少分？"

这是一个不好回答的问题：如果打分高，别人会觉得他不谦虚；但这届奥运会代表的是中国的形象，如果打分低，显然又不合适。在这种情况下，他该怎么回答？

他是这样回答的："为这届奥运会的开幕式打分，我没有资格，要让全世界人民做评判。但是，如果要我对我们的团队打分，我可以自信地告诉你，我打100分！他们的表现都非常出色。"

这样的回答实在是太妙了。他不仅将一个不好回答的问题轻松化解了，而且还不失时机地夸赞了自己的团队。可以说，任何参加这次开幕式的成员，都会觉得自己的努力没有白费。

采访中还有一个问题，他回答得也非常有艺术。

点燃"鸟巢"火炬的人，大家都知道是著名的前体操运动员李宁，而事实上点火人员有两个人选，一个是李宁，另一个是熊倪。

记者问他："李宁和熊倪都是著名的运动员，而点火人员为什么最后选的是李宁而不是熊倪？"

一般人可能认为张艺谋会大谈李宁的长处。但没想到，他还是没有直接回答主持人的问题，而是说："熊倪是备份人选，而我们所有的备份人选是最无私的。在最后这个点火的过程中，最容易出现意外，而备选人员却最不希望出现意外，可见备份人员是多么的无私。"

回答得多好！首先，李宁在开幕式上的表现有目共睹，他没必要再多做点评。其次，如果他直接回答为什么没选熊倪而选李宁，那么熊倪无疑会当众受到否定。而张艺谋这么一处理，没夸李宁，反过来说熊倪的无私，两者兼顾了。

看了这次采访，我再次深深感到管理好语言多么重要，同时，也学到了无论是处理问题还是说话，都不应该机械，而是应该将原则性和灵活性统一起来。这才是真正的智慧。

—— 点评 ——

大家都知道有句成语叫"三思而后行"，而这里进一步指出"三思而后言"，讲的都是一个道理：不管干什么、说什么，都要先考虑后果。

不考虑到后果，张口就说，可以说是不少人尤其是青少年的通病。这样做的理由，他们或者美其名为"我是为你想"，或者说"我就是这样一个直人，所以只能给你讲直话"。

他们没有想到：世界上没有比想到什么就说什么最容易的事。只图自己表达得简单和痛快，却不考虑他人感受和实际效果，往往事倍功半甚至事与愿违。

而以为自己出发点好，就信口乱讲，同样是自欺欺人。

　　不要把"我是一个直人"当成不加强个人修养的借口。

　　不要把"我这是为你好"当成伤人伤己的借口。

　　不妨记住证严大师的名言："脾气、嘴巴不好，心地再好也不能算是好人。"

六 管理好行为：学做行动的"巨人"

经常听人说，"80后"、"90后"一个普遍的毛病是"有触动，缺行动"。说白了，就是讲得好听，做得较差，或者懂得一些道理，却是"行动的矮子"。要改变这样的状况，就需要我们加强行为的管理，学做"行动的巨人"。

1.说做就做，甚至提前做

很多人做不成一件事，往往因为拖拉。越拖拉，做这件事的动力就会被消磨得越少。所以，要做"行动的巨人"，第一步，就是该做的事情立即去做，甚至提前去做。

我就尝到过提前做事的甜头。

前不久我去美国大使馆办签证。面签的前一天晚上，我没有选择住在家里，而是选择住到了大使馆旁边的一家酒店里。为什么这么做呢？因为我怕早晨起来万一一时半会儿拦不到出租车，或者别的什么事情耽误了我及时赶到大使馆。而如果我住在大使馆旁边，就没有必要担心这些问题了。

第二天我5点半就起床来到几步之遥的大使馆排队。当我到达大使馆时，发现门口已经站了两个人。原来还有比我更早的！我刚站好，前面的人就转头跟我说："一看你也是个办了很多次签证的老手对不对？再晚个十几分钟，队伍就要开始变长啦！"

　　我忍不住笑了起来，我哪里是什么老手，这也只是第二次而已！只不过我记得前年办签证的时候人特别多，我排了很久的队，所以去年才打算提前来的。

　　前面的人说得果然没错，当时离大使馆开门还有将近一个小时，但我到了没多久，队伍就开始变长了。我当时心里暗自乐着，心想，这第三的好位置被我抢到了，可真是节省了一大把时间呢。

　　去办签证的前一天晚上，我还邀请了一个同学跟我一起去酒店住。但他坚持认为自己能够掌握好时间，所以没有来。看着越来越长的队伍，我不禁想：唉，兄弟，你可要后悔了。

　　因为排在前面，我很快就拿到了签证。当我走出大使馆时，才发现队伍已经排了几十米长！

　　在队伍中，我看到我的那位同学，正愁眉苦脸地在烈日下默默擦着汗。根据我上次办签证的经验，他可能要下午3点以后才能办完手续了，他见我这么快就出来了，十分惊讶。我忍不住说了句："早起的鸟儿有虫吃！"

　　虽然我现在早已经明白立即就做的好处，但其实，我以前是个非常拖拉的人，因此还吃过不少亏。

　　上初一的时候，我每个星期都是坐校车返校的。

　　有一次，校车还差30分钟就要到站了，而我从家里走到车站要10分钟。妈妈催我赶紧出发，我却说："没事，今天车多，校车肯定会迟到，再等一会不要紧。"然后我又坐到沙发上开始看电视。

过了10分钟，妈妈又催我，我才不情不愿地动身。结果到了车站才发现，平常跟我一起等车的同学们都不见了，一看远处，校车早开走了。

妈妈生气地说："几次叫你出门你偏不听，现在错过了校车，只好花钱坐的士啦！"

妈妈倒不是因为心疼打的的钱跟我发脾气，而是我拖拉的习惯让她非常担忧。

是啊，这世界上最容易的事情当中，要数拖延最不费力了。而且每当你找了一个拖延的借口时，就总能找到更多的理由去继续拖延。

那我又是怎么改掉拖拉的毛病的呢？

这肯定和爸爸妈妈的督促分不开，更重要的是，从很多事情中，我自己也意识到了拖拉的毛病非改不可。

记得我曾经看过一个关于列宁的故事——

列宁上学的时候，每次老师布置作文，别的小朋友总要拖到交作文的头一天晚上才开始思考和动手，因为仓促，自然也写不好。而列宁却是每次布置完作文后就开始思考，并且很快写出来，然后不断修改。所以，每一次列宁写的作文都是质量最高的。

而在列宁的一生中，始终保持着立即就做的好习惯。他这样的品质，也在很大程度上造就了他后来的成就。比如说他领导的俄国十月革命，他在意识到革命的重要性后，就立即开始组织，提前做好了革命的准备。一看到时机成熟，就马上行动，一举取得了革命的胜利。

列宁是我十分崇敬的伟人，而他的做法，也让我给自己找到了一个标杆。其实，只要自己愿意，改掉拖拉的毛病也不难，关键是行动，不管难不难，只要是应该做的，那么这一秒想到了，下一秒就应该在做了，中间不要给自己留任何找借口的时间。

另外，每当自己有拖拉的念头时，就立即告诫自己：早一秒做完，就早一秒解脱。我们都有这样的体会：要做的事情没有去做，行动上虽然拖延着，但心里却会很不安，即使是玩，也玩不痛快。既然如此，那还不如早一点做完，做完了，心里的石头也就放下了。

南宋大儒朱熹曾说过："今人做工夫，不肯便下手，皆是要等待。如今日早间有事，午间无事，则午间便可下手，午间有事，晚间便可下手。却须要待明日。今月若尚有数日，必直待后月，今年尚有数月，不做工夫，必曰：今年岁月无几，直须来年。如此，何缘长进！"这段话，好像就是针对我们这样的学生说的，值得好好体会。

2.想做就做，不要过于纠结

在分析拖拉的原因时，还发现一个很重要的现象：或是担心做不好而缺乏信心，或是怕有损失而犹豫不决，或是怕吃苦而畏畏缩缩，总之是想去做而又不去做，结果是心里不断纠结，导致事情做不成。

那么该怎么办呢？应该学会果断一些。只要觉得事情该做，就立即去做。当你真正开始做了，你就会发现：事情做起来并不像想象的那样艰难，而且往往会因此抓住甚至创造一些很好的机会。

在这方面，我的另一位干姐姐吴彦孜就做得非常好。

我清楚地记得还在我刚读小学时，一个高年级的同学得了病，而他家里缺乏钱医治。姐姐知道这一消息后，就与我们聊起要想办法帮助他的事情。

我认为她不过是说说而已，结果她第二天就立即组织同学们开展了一个很有创意的活动：大家折了许多千纸鹤，然后上街去向行人告知那位同学病重的情况，希望大家好心相助。对每个热心相助的人，他们都会送一只千纸鹤，并祝愿他们全家吉祥平安。结果短短一天时间，竟然募集到了2000多元，让同学得到了很好的医治。

一个小学生，能组织同学在这么短的时间内以这种方式筹集到这么多钱，在我和许多同学眼中都是一个奇迹。当我向吴彦孜姐姐请教为何能做到这点时，姐姐说：

"做任何事情，不要想太多难不难。想太多难，就往往犹豫着不去做了。只要抱着非成功不可的心态，先行动起来，你会发现：那些所谓的'难'，可能根本不存在，即使有困难存在，也能通过我们的行动一一解决，让它们在我们面前烟消云散。"

吴彦孜姐姐的话给了我很大的影响，以后，我做事也果断干练多了。

我认为，我们青少年应该是更有朝气也更有力量的。我们要想有大的发展，就要与优柔寡断自觉作斗争，培养这种"说干就干"的行动力。

3.善用时间，不要手忙脚乱

我看到过这么一句话："时间老人是世上最公平的人，因为不管是谁，时间老人都会每天给他 24 个小时。"

既然我们每个人都有同样的时间，那么我们将时间统筹、管理得越好，我们才能在同样一段时间内将事情做得更好。

那么如何管理好时间呢？除了前面提到的说做就做和提前做之外，还有如下重要的三点。

（1）掌握"80/20法则"，要事优先。

不知道大家有没有听过一条著名的法则——"帕累托法则"，这几年也被人叫作"80/20 法则"。

这条法则说的是，社会上 80% 的财富由 20% 的人口所占有，这本来是说明一个经济学中的现象，但其实这条法则在其他很多方面也同样适用，时间管理恰恰也是其中一方面。

换句话说，你 80% 的学习、工作成果来自于你所花的 20% 的时间和精力。

那么你所花的另外 80% 的时间，你都用来干什么了呢？或许是打游戏，或许是跟朋友闲聊……这些没有太多意义的琐事，不知不觉就占掉了你的时间，降低了你的效率。

而如果你能够学会砍掉花在这些琐事上的时间，把大部分时间都放在正事上，那么你的效率一定可以提高。

尽量将时间花在重要的事情上，才能最小程度地浪费时间。

（2）统筹兼顾，才能有条不紊。

明白了应该提前做计划，那么接下来，我们还要知道该如何科学地做计划。

统筹兼顾，我想这个词可以非常好地概括做计划的方法。顾名思义，就是要首先知道有多少事情要做，然后再考虑，如何最科学地分配时间来完成所有事情。

这么说可能有些笼统，我举个小例子来说吧。

如果你早晨起床，发现上课要迟到了，你只有五分钟来准备出门前的事情。你穿衣服、整理床铺花了两分钟，然后你发现时间不够用了，因为你洗漱要花三分钟，热准备带走的早餐也要花三分钟。这时候，你会选择怎么办呢？是放弃洗漱，还是干脆不热早餐了呢？

其实最科学的办法，是一边热着早餐，一边洗漱，这两件事完全可以同时做，为什么不一起做来提高效率呢？

所以，在管理时间时，一定首先要规划好，知道自己要做多少事情，然后思考要怎么样在最短的时间内做完最多的事。合理安排时间，才会得到最高的效率。

(3) 管好文档，也是管好时间。

我另外再跟大家分享一点，这可能是很多人都不太注意的一点，那就是文档管理。其实管理好文档也是在管好自己的时间。

我一直有个好习惯，那就是在文件夹里，不同的夹层上用标签纸做好分类的记号，然后把所有的资料都分类放到了相应的位置。所以我要找起资料来，一点都不费劲，非常省时间。

我这个好习惯，可不是天生就有的，是我从曾经吃的一次亏中得来的。我记得上高中时，也是一次大考前，复习时我找几份很重要的资料死活也找不到。因为当时我喜欢把所有的资料都一股脑地往文件夹里塞，根本不懂得分类管理好。

结果那次考试，就考了不少那些资料上的内容。而我也花了很多的时间在找其他的资料上，复习的效率是不怎么好的。于是我那次考试也确实失利了。

你看，管理好文档后，是不是就能省下很多的时间呢？省下的这些时间，你可以多看几页书，或者多做几道题，这不是很值得吗？

时间管理并不难，却又非常重要，所以我觉得我们一定要好好学习、好好实践对时间的管理。只有我们管理好时间，我们才能在有限的时间内，将事情做得更好。

4.做到让人喜出望外

全国学联主席刘凯曾经说过一句话——做事要有准则，也就是："要做，就一定要做好！"

这句话虽然听上去很朴实，但却体现了一种负责任的态度。的确，事情既然都花时间和精力去做了，如果不做好，那有什么意义呢？

记得有一次，寄宿家庭的爸爸在后院修剪草坪时，不小心把腰给闪了。寄宿家庭的妈妈一边帮他擦药，一边叹了口气说："一会你就别去干了，剩下的草坪等我去剪吧。"

当时，我正在客厅看电视，听了寄宿家庭妈妈的话，我关掉了电视，主动提出帮忙将后院的草剪完。

当时正是夏天，等剪完草，我已经是汗流浃背了。我赶紧把割草机推到储藏室，打算收工，巴不得赶紧冲进凉快的空调房里喝上一杯冰凉的果汁。

但我突然想，既然后院的草长长了需要修剪，那么前院的草肯定也一样，那我干脆把前院的活也一起做了吧。

于是我把割草机重新拉出储藏室，推到了前院。

寄宿家庭的妈妈做好了晚饭，出来找我，看到我整理好的前院，很是感动。寄宿家庭的爸爸知道了，马上给我倒了一杯冰凉的果汁，一边说谢谢，一边说等他好了，要做一顿大餐来犒劳我。

本来除草并不属于寄宿家庭分配给我的家务，但我主动去做了，还超额完成了任务。其实我付出得并不太多，都是在自己的能力范围内，但就是这多做的一点点，却换来了我跟寄宿家庭更加融洽的关系。

这也让我思考，到底怎么才叫"做好"？其中有一点特别重要，那就是：要比别人要求的更好，好到出乎别人的意料。

对于做事，人通常有三种状态：

第一种，对别人的要求打折扣；

第二种，满足他人的要求；

第三种，超过别人的要求。

毫无疑问，第三种状态的人肯定最受欢迎。

说做就做、说到做到、做事超过别人的要求，如果能够做到这三点，我相信，做一个"行动的巨人"就不难了。

── 点评 ──

近代有一位著名的教育家陶行知，其实他最早的名字叫作陶文濬，后来觉得知识与行动很重要，改名为知行，再后又觉得行动比知识更重要，干脆改名为"行知"。他改名的故事，其实也是告诉我们管理好行动的重要。

在我做培训的调研中，不少人反映当代青少年有两个明显的缺点：一是"有触动，缺行动"，二是"态度很好，就是不改"。这其实就是给了大家一个警示：

不要做"言谈的巨人，行动的矮子"。

很欣赏一个高僧讲的名言："修行就是修正行为。"自我管理有没有实际效果，在相当程度上都体现在你能不能促使行动往好的地方转变。如果你不断地进行这样的转变，你就在不知不觉间，有可能成为一个"巨人"。

七 管理好人际关系：越能读懂人性，越能赢得人心

我们每天都在跟人打交道，人际关系自然就成为了我们生活中很重要的一部分。然而，要处理好人际关系并不容易，最关键的一点，就是要读懂复杂而微妙的"人性"。

1. 舍得付出：吃亏就是"占便宜"

在人际交往中，相信每个人都希望别人对自己好。那么换位思考，别人同样也期待着我们的关心和付出。所以要想建立良好的人际关系，首先就是要舍得给予和付出。

我的表弟在班上很受同学的爱戴，就是因为在这方面做得很好。

比如他们班上有个学生，不仅成绩差，还调皮捣蛋，经常在学校惹是生非，弄得谁见了他都躲得远远的，谁都不愿意理他。

于是他自然成了老师重点关注的对象，但老师的话他根本就听不进去，甚至还经常和老师对着干。

有一天，他又在课堂上跟老师唱反调，老师发火了，忍不住对他说了几句重话。这下他不干了，又吵又闹。老师一见这样，也就不作声了，只是笑了笑，打算给他一个台阶下。没想到他不仅不领情，竟然还对老师说："你笑什么笑啊！"这下可把老师气坏了，转身就离开了教室。

看到全班都被这个"不良分子"搅得没法安宁，表弟想，虽然这件事与自己没有什么关系，但是，他还是决定试着去帮助解决。

那天晚上，表弟给那个同学打了个电话，俩人足足聊了两个小时。刚开始，那个同学对表弟的态度很冷淡，但慢慢地，他被表弟的真诚所打动，开始说出了自己家里一些别人难以想象到的困难情况，而且也说出了自己的真实心态：他自己其实也不想调皮捣蛋，但他发现，只有这样才能引起大家的注意，所以有时候就无法控制自己。

放下电话，表弟又给老师打了个电话。说来让人难以置信，在刚与老师交流时，老师谈到自己好心没好报时，伤心得哭了。但是，当表弟把自己了解到的情况跟老师做了沟通后，老师不仅体谅了那个学生，并且保证以后多给他一些关爱。

从那以后，表弟不仅自己主动靠近那个同学，在学习上主动帮助他，而且也让周围的同学尽量多和他交流，让他融入到整个班级中来。

慢慢地，那个同学的身上有了明显的变化，他不仅性格上变得友善了，和同学之间的关系变得融洽了，和老师同学发生冲突越来越少了，老师指出他的毛病，他也都开始微笑着接受，而且成绩也有了明显的提升，最后一个学期还被大家推选为班干部。

而表弟的做法，也让老师和同学看在眼里，在竞选班长的时候，表弟以高票数当上了班长。前不久一进高中，他立即被选为学校学生会干部。

虽然不是表弟的分内事，但他却主动把本来可以用来学习和玩耍的时间，用到其他同学上了。表面上看，表弟似乎"吃了亏"。但结果是，他不仅让原本老师同学眼中的"差生"变成了向上的好学生，他自己也赢得了大家的一致爱戴。实际上，他达到了"对别人有利，对自己的发展也有帮助"的理想效果。

2.善于接受：聪明人懂得满足别人的满足感

既然给予的价值那么重要，那在人际交往中，是不是只要懂得给予就行了呢？其实在懂得付出的同时，还要学会接受别人的好意。学会接受，在人际交往中同样重要。

关于这一点，我有很深的感触。曾经我就因为不懂得接受，差点失去了一位最好的朋友。

我们原本无话不谈，但不知道从什么时候开始，他慢慢和我疏远了。我一直没有想明白为什么，直到那天放假离校……

那天放学，突然下起了大雨。当我打着伞准备回家时，突然看到屋檐下站着一个熟悉的身影——是我的那位好朋友，他没有打伞，一个人提着两个大箱子，在等雨停。

于是我走过去，提出送他到校门口等出租车。他答应了。

趁着这个机会，我鼓起勇气问他为什么疏远我，是不是我做错了什么事伤害到他了？

他摇了摇头说没有。沉默了好一会儿，他终于说出了原因。

他告诉我，我一直都很愿意跟他分享好东西、帮他做事。但每次他想为我做点什么时，我都会拒绝。而他疏远我的导火线，是有一次体育课后，他想请我喝一瓶矿泉水，我却想都没想就拒绝了。他觉得我太难相处了，这也不接受，那也不接受，虽然知道我是讲客气，但还是给人一种高高在上、难以接近的感觉。

我做梦都没有想到，这竟然是朋友疏远我的原因。我一直都觉得自己对别人好是应该的，但却不愿意去麻烦别人。我其实忽略了一个非常重要的道理——人际交往需要相互付出！既然当我对别人付出时，我觉得很有满足感，那么接受别人的好意，同样是在满足别人的满足感。这两者，很多时候，是同样重要的。

所以，真正聪明的人，在人际交往中，不仅懂得付出，还懂得接受。

在我身边，就有很多这样的事例。

认识一对爷爷奶奶，他们虽然是夫妻，但处理问题的方式却完全不一样。他们的儿女都在外地工作，逢年过节回家，儿女为了表达自己的心意，总会给他们带点礼物。

每次接到孩子们的礼物，爷爷都会很高兴，比如女儿给

他买了件衣服，哪怕不是特别合适，第二天他都会穿上，遇到
邻居朋友，还会特意说："这是我女儿给我买的，怎么样，好
看吧？"让女儿心里美滋滋的。

但奶奶的做法却不一样，不管孩子给她买什么，她都会
不高兴，不是嫌东西没买好，就是嫌东西贵，让孩子觉得既尴
尬又难受。

我们其实都能理解：奶奶讲的理由并不是真正的理由，她
心疼孩子，不愿意他们为自己花钱。这是她爱孩子的体现。但
是她只考虑到这点，却没有考虑到另外同样重要的一点：儿女
常年在外，平时也没法更多地照顾父母，想通过送东西来尽尽
自己的孝心。但东西买了，换来的却是母亲的不开心，这让儿
女们多难做啊！坦率地说，孩子并不是花不起这点钱，可是
她那样做，等于让孩子经受了两重损失：钱花了，却并没有得
到认可。为什么不能坦然地接受，满足一下孩子尽孝的心理
呢？

爷爷和奶奶的不同做法，给儿女们的感觉也完全不一样，
爷爷的快乐，让他们得到的是成就感，而奶奶则正好相反，让
他们有很深的挫败感。

所以，下面的话真的很重要：

不会接受别人的东西，实际上同时也拒绝了别人的好意；

拒绝了别人的好意，实际上也就把友情和自己的幸福挡
在了门外！

3.学会包容：宽恕别人就是善待自己

在人际交往中，难免会有矛盾和意见。面对这样的情况，最重要的是要有一颗包容的心，在这个基础上再化解矛盾。

记得小学毕业那个暑假，爸爸带我去浙江新昌的大佛寺游玩。在弥勒殿门口，我看到了这样一副对联："处己何妨真面目，对人总要大肚皮。"

讽刺的是，当时，就在那副对联旁边，有两个人正因为一点小事吵得脸红脖子粗。

看了那个场景，我忍不住笑了起来，心想：那两个人怎么就不懂得"对人总要大肚皮"呢？

而那副对联也给了我很大的启发，因为我从前脾气就不太好。后来，我总在想，我们为什么要学会大度、宽容呢？

其实最重要的一点就是：宽容他人，就是善待自己。

为什么这么说？先来看看发生在我身边的事。

刚进初中时，包括我在内的很多同学，都和一位成绩不错、知识又渊博的同学成了朋友。但后来发生的几件小事，却让大家纷纷和他疏远了。

一次，我和他一起吃午饭，因为着急回寝室找生活老师商量事情，所以我吃得很快，不小心将几滴汤洒到了他的衣服上。我马上向他道了歉，没想到他不仅不接受，还很生气地说："你没长眼睛吗？连吃饭都吃不好！"

还有一次，他和班上几个同学打篮球。一个同学没投进，球掉下来砸到了他的头。这在打球时是难免的，可是他却大声责骂那个同学："你的技术这么差，来打什么鬼球？别丢人现眼了！"

就这样，没多久，他的朋友几乎全都离他而去了。

的确，像他这样的人很不讨人喜欢。因为他身上缺少的，恰恰就是那么一点点宽容、大度。

记得《论语》里头有这样很经典的一段：

"子贡问曰，有一言而可以终身行之者乎？子曰，其恕乎？"

证严大师也曾说："君子量大，小人气大。"

生活中，如果能够多一点包容、大度，少一点责备、小心眼，那么，我们的生活会不会少一点矛盾呢？我们与人的交流会不会更加和谐，更加轻松呢？

所以说，宽恕别人，其实就是善待自己。

上面的三点，学会给予，是因为人人都希望别人对自己好；学会接受别人的好意，是因为人人都希望自己的付出得到肯定；学会包容，是因为矛盾中，谁都会希望自己得到别人的理解。

这些都是人性中最基本也最真实的东西，当我们掌握了这些，就能让我们的人际关系更加和谐。

— 点评 —

广告大师奥斯本有句名言："经营广告的秘诀在于读懂和把握人性，过了一万年，世界上的许多东西都会有变化，但恐怕人性不会有大的变化。所以，你要把研究人性当成人生的必修课来学习。"

虽然他讲的是广告，但对想在其他方面成功的人，也有同样的借鉴作用。

因为，我们是在群体中生活，几乎没有一个人能独自成功。

人性学可以说是一本没有人去教但十分重要的"大书"。但是否能掌握人性的智慧，却有一些基本的标志：

缺乏人性智慧的人，处处是阻力；掌握人性智慧的人，处处是助力；最优秀的人，还能将阻力转化为助力。

成功学就是人性学。要研究好它，也许需要终生的探索。因此，请继续努力吧！

（全书毕）